KB267146

한 권으로 끝내는
춘추전국 처세술

Classic Collection

한 권으로 끝내는
춘추전국 처세술

도서출판
청어람

한 권으로 끝내는 **춘추 전국 처세술**

초판 1쇄 찍은 날 § 2004년 6월 28일
초판 1쇄 펴낸 날 § 2004년 7월 10일

지은이 § 마츠모토 하지메
옮긴이 § 김미선
펴낸이 § 서경석

편집장 § 문혜영
편집 및 디자인 § 김희정 · 김민정
마케팅 § 정필 · 강양원 · 이선구 · 김규진 · 홍현경

펴낸곳 § 도서출판 청어람
등록번호 § 제1081-1-89호
등록일자 § 1999. 5. 31
어람번호 § 제3-0031호

주소 § 경기도 부천시 원미구 심곡1동 350-1 남성B/D 3F (우) 420-011
전화 § 032-656-4452 팩스 § 032-656-4453
http://www.chungeoram.com
E-mail § eoram99@chollian.net

ⓒ 마츠모토 하지메, 2003

ISBN 89-5831-154-1 03820

인생에서 실패를 거쳐야 한다면
오히려 패배를 경험한 사람이
경험하지 않은 사람보다
역경에서 힘을 발휘할 수 있다.

CONTENTS

서장 — 15

우언(寓言)에 담긴
중국인의 지혜

우언(寓言)이란
목적과 수단
되돌아가는 길
잃는 것이 얻는 것이다
고집 철학

제1장 — 39

임기응변의 책(策)

유용(有用)과 무용(無用)
시대의 흐름을 간파하라
저항과 복종
진짜는 누구인가
운명 역전
불리한 조건을 활용해라
발상의 전환

CONTENTS

제2장 — 77

속임수의
효용

약속
허구의 진실
사랑을 위하여
음모의 기쁨
위장 공작
오해 구조

친절함의 이면

폭력에 대한 사고방식
남을 배려한 마음의 시비(是非)
법의 엄격함
권력의 형태
적이 많아질수록 강해진다
성실함의 비극

CONTENTS

제4장 — 151

언어의
마술

죄
설득 기법
탈출 게임
소문의 심리학
언어는 세계를 창조한다

다양한
독심술

태도
비밀
징조
감응(感應)
동기(動機)
미끼
심독(深讀)

CONTENTS

제6장 — 213

패배의
미학

자유와 속박
지는 것이 이기는 것
추한 것의 가치
변신 우화
이상 추구

제7장 —247

죽음의 시선

인생은 꿈이다
기의 변화
죽음의 쾌락
자연의 도리
태어나기 전과 같다
생과 사는 교차하지 않는다
멸망의 의미

—작가후기

서장

우언(寓言)에 담긴
중국인의 지혜

우언(寓言)이란

　기원전 221년, 진시황제가 중국을 통일했다. 이에 앞서 기원전 8세기부터 기원전 3세기까지를 춘추 전국 시대라고 한다. 이 시대에 제자백가(諸子百家)라 불리는 많은 학파들이 혼란스러운 세상에서 살아가기 위해 많은 학설을 내놓았다. 맹자는 성선설을, 순자는 성악설을 주장했으며 묵자는 침략 전쟁에 반대했다. 그들은 주장을 펼칠 때 종종 비유를 사용했는데 이 비유를 중국에서는 우언(寓言)이라 한다. 우언이라는 말은 『장자』의 우언 제27편에 나오며, 문장 표현 방법의 하나로 게재되어 있다. 우언은 어떤 이야기를 비유해서 하는 것을 말하며 우화라고도 한다.

전쟁에서 오십 보 도망친 병사가 백 보 도망친 병사를 보고 웃었다는 「오십 보 백 보」 이야기는 『맹자』 양혜왕장구(梁惠王章句, 양혜왕은 전국 시대 7국 중의 하나인 위 나라(양 나라라고도 함) 혜왕을 말함―역주) 상편에 나오며 맹자가 생활의 안정과 학교 교육의 소중함을 설명하기 위하여 인용한 우언이다.

토끼가 그루터기에 부딪쳐 죽은 모습을 본 농부가 일을 그만두고 그루터기를 지켜보면서 토끼가 걸리기만을 기다렸다는 「수주(守株)」 이야기는 『한비자』 오두 제49편에 나오며 한비자가 고대 성왕의 방식으로 현대인을 통치하는 어리석음을 지적하기 위하여 인용한 우언이다. 이 밖에도 조삼모사, 사족, 모순 등 우언에서 많은 성어가 유래되었다.

중국 우언의 역사는 길다. 진포청(陳蒲淸)의 「중국 고대 우언사」를 근거로 간단하게 정리해 보면 다음과 같다.

(1) 선진 시대(先秦時代)

― 우언이 생겨나 발전한 시기다. 특히, 전국 시대는 우언의 황금 시대로 제자백가가 자신의 학설을 주장하기 위하여 인용했다. 내용은 철학의 도리를 이야기한 철리 우언(哲理寓言)이다.

(2) 양한 시대(兩漢時代)

— 제재와 수법 모두 선진의 우언을 그대로 이어나가고 있다. 단,
내용은 선을 권장하고 악을 경계한 권계 우언(勸戒寓言)이다.

(3) 위진남북조 시대(魏晉南北朝時代)

— 역사적인 전환기로 우언도 과도기적인 성질을 띤다.

(4) 당송 시대(唐宋時代)

— 우언의 제2차 황금 시대로 우언이 독립된 작품으로 편찬된
다. 내용은 사회를 풍자하는 풍자 우언이다.

(5) 원명청 시대(元明淸時代)

— 웃음을 자아내는 요소가 많아졌다. 내용은 유머가 있는 해학
우언이다.

중국 우언 가운데는 현대인이 읽어도 교훈이 되는 이야기가
매우 많다. 이 책은 춘추 전국기의 제자백가를 비롯하여 중국 고
대 서적에서 엿볼 수 있는 우언을 다양한 관점으로 해석하고, 현
대를 살아가는 지혜를 배우는 데 그 목적이 있다. 우선 몇몇의
우언을 읽어보자.

목적과 수단

　어떤 목적도 없이 하루하루를 흘러 보낸다면 이보다 헛된 일은 없을 것이다. 인생에서 목적을 발견하기란 쉽지 않다. 그렇지만 한 가지 목적만을 향하여 정진할 때 우리의 인생은 충실해진다.

　그러나 목적을 달성하기 위해서는 그에 알맞은 수단을 선택해야 한다. 목적과 수단은 항상 관계가 밀접하다. 목적이 아무리 정당하더라도 수단이 잘못되면 실패를 면치 못할 것이다. 『전국책(戰國策)』 제25편 위사(魏四)에 다음과 같은 이야기가 나온다. 『국책』은 전국 시대에 벌어지는 사건을 나라별로 나누어 기록한 책으로 한 나라의 유향(劉向)이 편집한 것으로 전해진다.

위 나라의 왕이 한단(邯鄲 : 조의 수도)을 공격하려 한다는 사실을 들은 이량(李梁)은 가던 길을 멈추고 되돌아왔다. 옷매무새도 가다듬지 않고 머리에 뒤집어쓴 먼지도 털지 않은 채 왕을 만났다.

"제가 이곳으로 오는 도중에 태행산(太行山 : 중국 산시성[山西省]과 허베이성[河北省]의 경계)에서 어떤 사람을 만났습니다. 그는 마침 북쪽으로 마차를 돌리며 제게 말했습니다. '나는 초 나라에 가려고 하오'라고 말입니다. 그래서 제가 '당신은 초 나라에 간다면서 왜 북쪽으로 가는 겁니까?'라고 묻자 '나에게는 훌륭한 말이 있소'라고 했습니다. 그래서 저는 '비록 말이 훌륭하더라도 그 길은 초 나라로 가는 길이 아닙니다'라고 했습니다. 그랬더니 이번에는 또 '나에게는 여행 경비가 많다오' 그러더군요. 그래서 저는 '아무리 여행 경비가 많더라도 그 길은 초 나라로 가는 길이 아닙니다'라고 했더니 '나에게는 뛰어난 말몰이꾼이 있소'라고 하더군요. 이 사람이 갖춘 조건은 모두 뛰어났지만 오히려 초 나라와 점점 멀어질 뿐이었습니다. 지금 왕께서는 군사를 움직여 패왕(覇王)이 되려 하십니다. 또한 천하 제

후들의 신뢰를 얻고 명성을 떨치기 위해 나라의 힘과 병사의 정
예함에 기대어 영토를 확장하려고 합니다. 그러나 오히려 왕의
그러한 움직임은 패왕의 길에서 더욱 멀어질 뿐입니다. 즉, 초
나라에 이르려고 하면서 오히려 북쪽으로 가는 격입니다."

조 나라를 공격하려고 한 위의 안리왕(安釐王)에게 현신(賢
臣) 이량(李梁)이 한 예를 비유하여 충고하고 있다. 위왕은 패왕
이 되기 위해 조 나라를 공격하여 영토를 확장하려 했다. 이것이
얼마나 모순된 행위인지를 초 나라로 가기 위해 북쪽으로 향하
는 나그네의 예를 인용하여 설명한 것이다.

초 나라는 중국의 남쪽에 있으므로 남쪽으로 가야 한다. 북쪽
으로 가면 초 나라에 당도할 수 없다. 나그네는 훌륭한 말과 충
분한 여비, 그리고 뛰어난 말몰이꾼, 이 세 가지 조건을 내세우
고 있다.

그러나 방향을 잘못 정하면 세 가지 훌륭한 조건은 반대로 작
용하여 목적에서 멀어지는 나쁜 결과를 초래한다. 즉, 조건이 좋
다고 해서 목적을 쉽게 달성할 수 있는 것은 아니다. 목적과 수
단이 유기적으로 맞물려야 비로소 성공할 수 있는 것이다.

반대로 보잘것없는 말과 충분치 않은 여비, 기술이 부족한 말

몰이꾼 등 악조건이 겹쳐도 목적은 달성할 수 있다. 올바른 방향은 길을 열어주기 때문이다.

이 이야기에서 '남원북철(南轅北轍)' 이라는 고사성어가 생겨났다. 원(轅)은 마차의 채찍을 말하며 철(轍)은 수레바퀴 자국을 뜻한다. 즉, 마차는 남쪽으로 향하고 있지만 나아가는 쪽은 북쪽이라는 뜻이다. 이는 목적과 행동이 상반되는 것을 의미한다.

고대 중국에 일부러 되돌아가는 길을 자초한 사람의 우화가 있다.

되돌아가는 길

다음은 『장자』 천지 제12편에 실린 우화로 공자의 제자 자공(子貢)이 등장한다. 성은 단목(端木), 이름은 사(賜), 자는 자공(子貢)이라 하며 변론가로 알려졌다.

비효율적인 밭농사

자공이 남쪽 초 나라를 여행하고 진 나라로 되돌아오는 길이었다. 그는 한수(韓水)의 남쪽을 지나가다 채소밭을 이제 막 경작하려는 한 노인을 만났다. 노인은 지하도를 파고 우물 속으로 들어가 항아리에 물을 담아 밖으로 나와 밭에 물을 대주고 있었다. 열심히 힘들여 일하고 있었지만 일한 만큼의 효과는 나타나지 않았다.

자공은 노인에게 말했다.

"하루에 밭이랑 백 개에 물을 뿌릴 수 있는 도구가 있습니다. 힘도 그다지 들지 않고, 게다가 많은 효과를 얻을 수 있습니다. 어르신은 이 도구를 쓰고 싶지 않으십니까?"

밭일을 하던 노인은 고개를 들어 자공을 바라보며 말했다.

"어떻게 만들어 사용하는 것입니까?"

"나무를 깎아 걸이를 만들고 뒤쪽은 무겁게 앞쪽은 가볍게 만듭니다. 이것으로 물을 길면 뭔가 뿜어져 나오듯이 물이 넘쳐 재빨리 물을 뿌릴 수 있지요. 이 도구의 이름을 방아두레박이라고 합니다."

밭일을 하고 있던 노인은 화가 나 금세 얼굴색이 바뀌었다. 그리고는 경멸의 미소를 띠며 말했다.

"나는 내 스승에게서 이런 가르침을 받았소. '편리한 도구는 반드시 교활한 일을 낳는다. 교활한 일은 교활한 마음을 낳고, 교활한 마음은 순백의 미덕을 잃는다. 순백의 미덕을 잃으면 정신이 난폭해지며, 정신이 난폭한 사람은 도(道)라는 기본이 사라진다'라고 말이오. 방아두레박을 알기는 하지만 부끄러워 사용하지 않을 뿐이오."

얼굴이 붉어진 자공은 고개를 떨어뜨린 채 아무 대답도 하지
못했다.

방아두레박으로 우물을 긷는 일이 부끄러워 일부러 지하도를
파고 우물을 길어 밭에 물을 주는 어느 노인의 이야기이다. 방아
두레박을 이용하면 간단하게 우물을 길 수 있다. 그런데 노인은
그 편리한 도구를 사용하지 않고 항아리를 안고 지하도를 통해
우물 속으로 들어가 물을 길어 밭에 뿌려주는 수고를 한다. 노인
은 왜 되돌아가는 길을 선택했을까.

노인에게는 그럴 만한 이유가 있었다. 그의 스승은 편리한 도
구를 사용하는 것은 도(道), 즉 우주의 근원적인 질서를 잃는 결
과로 이어진다고 말했다. 언뜻 편리하게 보이지만 그 결과는 비
참하다는 말이다. 노인은 스승의 가르침을 충실하게 지키고 있
었다.

자공은 공자에게 일을 할 때는 적은 노력으로 큰 성과를 거두
는 것이 성인(聖人)의 길이라고 배웠다. 노인의 비효율적인 방
법은 공자의 가르침을 부정하는 것이다. 자공은 이제껏 공자의
가르침을 신뢰하고 있었는데 노인을 만난 뒤부터 생각이 바뀌었
다. 성인의 길은 공리주의와 다르다는 사실을 알았기 때문이다.

자공이 노(魯) 나라로 돌아가 공자에게 이 일을 보고하자 공자는 노인을 비판하며 말했다.

"그는 자기 내면의 진실을 추구할 뿐, 자기와 외부와의 관계, 역사적, 사회적인 현실에 올바르게 대처하는 방법을 모르고 있다."

공자와 노인의 대립은 문명과 자연의 시비를 우리에게 제시해 준다. 인류가 진보하면 문명도 발전한다. 진보와 발전을 선(善)으로 보는 것이 공자의 견해다. 반대로 악(惡)으로 보는 노인의 견해는 공리주의를 반대하고 자연 세계로 돌아가라 한다. 기계 문명 덕분에 우리의 생활은 매우 편리해졌다. 자동차의 보급으로 인간의 행동 범위가 넓어졌고 고속 철도의 등장으로 원거리 여행을 단시간에 할 수 있게 되었다.

그러나 편리해진 생활의 일면에는 폐해도 있다. 고속 철도로 장거리 여행을 하루 만에 할 수 있으나 오히려 여유로운 시간이 많아져 일의 양은 늘어났다. 자동차는 교통사고로 사망자를 낳고 배기가스는 지구 온난화를 초래한다. 산업의 발달은 극심한 공해 문제로 이어진다. 문명의 향상으로 새로운 문제들이 생겼다.

현대인이 여행을 동경하는 것은 문명에서 도피하려는 소망 때문이다. 지구상에 마지막으로 살아남는 것은 어쩌면 비효율적인 방법으로 물을 긷던 노인이 될지도 모른다. 되돌아가는 길이 정말 되돌아가는 것인지 아닌지를 진지하게 생각해 볼 필요가 있다.

되돌아가는 길에 대한 우화 한 가지를 인용해 보자. 『여씨춘추(呂氏春秋)』 권24편, 불구론(不苟論) 귀당(貴當)에 실린 이야기이다. 『여씨춘추』는 진 나라 여불위(呂不韋)가 전국 학자를 동원하여 춘추 전국 시대의 학설을 수록한 서적이다.

사냥을 잘하는 방법

제(齊) 나라에 사냥을 좋아하는 사람이 있었다. 그는 여러 날을 사냥에만 매달렸지만 짐승은 한 마리도 잡지 못했다. 집에서는 가족들에게, 밖에서는 친구나 동네 사람들에게 놀림감이 되었다. 그는 사냥개가 변변치 못해 사냥을 잘 못하는 것이라 생각하고는 좋은 사냥개를 구하려 했다. 하지만 가난한 집안 형편 때문에 불가능했다. 그래서 그는 집으로 돌아와 경작에 온 힘을 다했다. 열심히 일을 하니 생활이 윤택해졌으며 좋은 사냥개를 구할 수 있는 돈도 모을 수 있었다.

좋은 사냥개는 사냥도 잘했다. 사냥 성적은 언제나 다른 사람

보다 좋았다. 이것은 사냥할 때 뿐만 아니라 다른 경우에도 마찬
가지이다.

사냥의 비결은 좋은 사냥개에 있다고 생각한 사람이 돈을 모
으려고 농업부터 시작하여 성공했다는 이야기이다. 일이 잘되지
않을 때는 먼저 원인이 무엇인지를 규명해야 한다. 또 엉킨 실을
푸는 것처럼 신중하고 냉정하게 분석한다. 이때 대수롭지 않게
넘긴다면 결국 문제를 해결할 수 없다.

예를 들어 사냥개를 구할 돈을 모으려고 주위에서 돈을 빌렸
다고 하자. 그렇게 하면 수확한 사냥감으로 빌린 돈을 갚아야 하
기 때문에 이익은 생기지 않는다. 그러므로 장기적인 전망을 내
다보고 근본적인 해결책을 찾아야 한다. 사냥개를 구할 돈을 만
들기 위해 농업부터 시작하는 것은 언뜻 '되돌아가는 길' 처럼
보인다. 그러나 되돌아가는 길을 긍정적으로 받아들이지 않으면
성공할 수 없다. 성공하기 위해서 되돌아가는 길은 정말로 되돌
아가는 길이 아니다.

『후한서(後韓書)』 권32편에 번공(樊公)이라는 인물의 전기가
나온다. 이에 따르면 아버지 번중(樊重)은 그릇을 제조하기 위
해서 우선 가래나무와 옻나무를 심었다. 당시 사람들은 비웃었

지만 세월이 흘러 나중에는 이 나무가 도움이 되었다는 이야기이다. 번중은 목적을 달성하기 위해 인내심을 갖고 계속 노력했다. 이런 지구력과 인내심이 성공의 비결이다.

이 우화는 승리하기 위해서는 되돌아가는 길을 아까워해서는 안 된다는 교훈을 준다.

잃는 것이 얻는 것이다

되돌아가는 길은 언뜻 보기에 손해 보는 것처럼 보이지만 오히려 잃었기 때문에 자신의 것이 되는 경우도 있다. 다음은 적에게 토지를 빼앗긴 것이 오히려 전쟁에서 승리할 수 있게 되었다는 우화다. 『한비자(韓非子)』설림상(說林上) 제22편에 실려 있다.

빼앗긴 토지

지백(智伯)이 위 나라 선자(宣子)에게 토지를 요구했으나 선자는 그 요구를 받아주지 않았다. 그러자 그의 신하 임장(任章)이 왜 주지 않았는지 물었다. 선자는 말했다.

"이유도 없이 토지를 요구했기 때문에 주지 않았다."

그 말을 듣고 임장이 말했다.

"이유도 없이 토지를 요구했다면 이웃 나라에서 반드시 두려워할 것입니다. 지백이 욕심 많고 만족할 줄 모른다면 천하는 또 두려워할 것입니다. 주인님은 그에게 토지를 주십시오. 그렇게 되면 지백은 오만 방자하게 적을 경멸할 것이고 그럴수록 두려움에 떨고 있는 이웃 나라는 더욱더 단결할 것입니다. 단결된 군대로 대결한다면 지백의 목숨은 오래가지 못할 것입니다. 『주서(周書)』에 '적을 무찌르고 싶으면 일단 도움을 주어야 한다. 빼앗고 싶으면 먼저 주는 것이 필요하다' 라고 했습니다. 주인님은 토지를 주고 지백이 오만 방자하게 구는 것을 내버려 두는 것이 좋을 듯합니다. 대저 주인님은 왜 천하 백성들과 함께 지씨를 쓰러뜨릴 생각을 하지 않고 우리 나라를 지씨의 표적으로 삼으려는 것입니까."

이 말을 들은 선자가 지백에게 1만 호의 마을을 주자 그는 매우 기뻐했다. 지백은 다시 조 나라에도 토지를 요구했으나 받아들여지지 않자 진양을 포위했다. 그러나 밖에서는 한 나라와 위 나라가, 내부에서는 조씨가 공격하여 결국 지씨는 멸망하고 말았다.

지백은 춘추 시대 말기의 진 나라 귀족이었다. 토지를 요구하는 지백에게 토지를 넘겨준 위 나라 선자가 다른 귀족과 동맹을 맺어 지백을 무너뜨렸다는 이야기이다. 이 이야기의 경위를 좀 더 자세하게 설명하자면 다음과 같다.

진 나라에는 한, 위, 조, 지, 범(范), 중행(中行)이라는 6씨(氏) 귀족이 있었는데 서로 세력을 견주었다. 지백은 먼저 한, 위, 조를 이끌고 라이벌인 범(范)씨와 중행(中行)씨를 멸망시켰다. 수년 후, 지백은 한(韓)에게 토지를 요구했는데, 한(韓)은 일단 토지를 주고 정세 변화를 지켜보는 것이 이로울 것 같아 호수(戶數) 일만 현(縣)을 지백에게 주었다. 기뻐하던 지백은 이번에는 위 나라에 토지를 요구했다. 그러자 위 나라도 지백에게 토지를 내주었다. 그 다음으로 조(趙)에게도 토지를 요구했으나 조는 이를 거절하고 진양(晉陽, 산서성(山西省) 태원시(太原市))을 거점으로 지백과 대결했다. 지백은 한, 위와 동맹을 맺고 조를 공격하려 했으나 조는 한, 위를 설득하여 3군이 힘을 합쳐 지백을 멸망시켰다.

선자는 지백의 요구가 불합리하다고 생각했다. 그러나 임장(任章)의 생각은 달랐다. 오히려 무리하게 토지를 요구하는 지백의

탐욕스러운 태도가 자기 파탄의 결과를 초래할 것이라 예상하고
토지를 내주도록 진언했다. 우선 양보를 한 다음 적을 무너뜨리
는 전법이다.

임장의 예상은 적중했다. 지백에게 빼앗긴 토지는 선행 투
자(先行投資) 역할을 했다. 지백을 쳐부수기 위한 대상(代償)
이었으며 승리를 위한 손실이었다.

무언가를 얻으려면 다른 무언가를 희생해야 할 경우가 있다.
아니, 잃었기 때문에 얻을 수 있었다. 잃는 것을 두려워해서는
안 된다.

고집 철학

가지고 싶은 것을 얻으려면 스스로 노력하고 연구해야 한다. 타인의 힘으로 얻고자 할 때는 언제나 함정이 기다린다. 『한비자(韓非子)』 외저설우하(外儲說右下) 제35편에 다음 이야기가 나온다.

좋아하기 때문에 받지 않는다

노(魯)의 재상인 공의휴(公義休)는 생선을 좋아했다. 그래서 전국에서 앞 다투어 생선을 헌납했는데, 재상은 이를 받지 않았다. 그의 아우는 얼굴을 찌푸리며 형에게 물었다.

"형님은 생선을 좋아하시면서 어찌하여 받지 않으십니까?"

“생선을 좋아하기 때문에 받지 않았다. 만일 생선을 받는다면 반드시 사람들에게 비굴한 태도를 취할 것이다. 이는 법률을 어기는 것이고 나아가서는 파면당할 것이다. 그렇게 되면 아무리 생선을 좋아해도 생선을 선물로 보내주는 사람도 없을 것이며 나 또한 스스로 생선을 얻을 수도 없게 될 것이다. 만일 생선을 받지 않고 파면당하지 않는다면 내 스스로 생선을 계속 구할 수 있다.”

이 이야기는 남에게 의지하는 것보다 자신을 의지하는 것이 더 좋다는 사실을 명백하게 보여준다. 또, 남의 힘을 빌리는 것보다 스스로 하는 것이 더 좋다는 교훈이다.

생선을 좋아하는 대신(大臣)이 뇌물로 들어온 생선을 받지 않았다는 이야기이다. 대신에게 뇌물을 주는 풍습은 예나 지금이나 여전하다. 공의휴는 자신이 좋아하는 생선이 선물로 들어와도 절대로 받지 않았다. 좋아하기 때문에 받지 않았다는 이유가 흥미롭다. 만일 생선을 받았다면 어떻게 되었을까?

생선을 받으면 비굴해지기 쉽고 법률을 어기게 된다. 그러면 재상에서 파면당할 것이고 생선을 계속 얻을 수 없다. 점차적인 상상력을 발휘하여 ‘생선을 얻는다’ 라는 가정에서 ‘생선을 얻지 못한다'라는 정반대의 결론을 끌어낸 부분이 홍미롭다. 진정으로 갖고 싶은 것은 자신의 힘으로 얻어야 한다. 눈앞의 이익만을 생각하고 달콤한 유혹에 빠지면 반드시 그 값을 톡톡히 치르게 된다. 공의휴는 먼 장래의 일까지 내다보는 안목이 있었으며 이에 타인에게 빚을 지는 일이 없도록 했다.

무언가를 고집한다는 것은 마음속에 자신이 정한 규칙을 잘 따름을 뜻한다. 자신이 정한 마음의 규칙을 잘 지킬 줄 아는 사람이 과연 몇이나 될까?

중국의 우언에서 몇몇 이야기를 소개했다. 지금부터는 전체를 7장으로 나누어 다양한 주제로 우언을 논하고자 한다. 우언에 깃들어 있는 중국인의 독특한 지혜를 발굴했으면 한다.

1

임기응변의
책(策)

사람들은 살아가면서 많은 계획을 세운다.

그중에 실현되는 계획이 있는가 하면 그렇지 않은 경우도 있다.

무언가를 하고자 할 때, 치밀한 계획을 세워야 할 때도 있지만

지나치게 치밀하다 보면 오히려 곤경에 빠질 위험도 있다.

경우에 따라서 치밀한 계획에 의존하지 않고

상황을 잘 파악하여 임기응변으로 대응했을 때

더 좋은 결과를 얻기도 한다.

우리가 사는 이 세상은 항상 변하기 때문에

사물을 판단하는 기준도 언제나 일정하지 않다.

이러한 유동적인 상황에 직면했을 때

어떻게 대처해 나가야 할까?

중국의 한 예를 살펴보자.

유용(有用)과 무용(無用)

　　현대 사회는 실용성을 중요시한다. 오로지 유용한 것만을 추구하고 그렇지 않은 것은 그대로 버린다. 도대체 유용과 무용은 어디에 기준을 두고 정할까? 무용한 것은 존재 의미도 없는 것일까? 지금부터 유용과 무용에 대해서 생각해 보자. 『장자』 산목 제20편에 다음과 같은 이야기가 나온다.

산의 나무와 기러기

　　장자는 산속을 걷다가 가지와 잎사귀가 무성한 큰 나무를 발견했다. 그런데 나무꾼이 그 곁에 있으면서도 벨 생각을 하지 않았다. 그 까닭을 물어보니 나무꾼은 쓸 만한 곳이 없다고 대답했다. 그러자 장자는 '이 나무는 쓸모가 없었기에 천수를 누릴 수 있었느니라' 하고 말했다.

장자는 산에서 내려와 친구의 집에서 머물렀다. 친구는 기뻐하며 하인에게 기러기 요리를 하라고 명령했다. 그러자 하인은 주인에게 물었다.

"한 놈은 잘 우는데 다른 한 놈은 울 줄도 모릅니다. 어떤 놈을 잡을까요?"

"울지 못하는 놈을 잡거라!"

이튿날 아침, 제자는 장자에게 물었다.

"어제 산속의 나무는 쓸모없었기에 천수를 누릴 수 있었고, 그 다음 기러기는 더 이상 쓸모없다고 하여 죽게 되었습니다. 도대체 선생님의 생각은 어느 쪽이십니까?"

장자는 웃으면서 대답했다.

"나는 쓸모있음과 쓸모없음의 중간에 있으려고 하네. 그러나 그 중간도 옳지 않기 때문에 재난을 피할 수는 없을 것이야. 만약 자연의 이치를 그대로 따른다면 문제는 달라지겠지. 칭찬받는 일도 비난받는 일도 없으며, 용이 되어 하늘을 나는가 싶더니 다시 뱀이 되어 땅바닥을 기어다니는… 세월의 흐름과 함께 변화하면서 제멋대로 움직이지 않을 것이요, 한 번은 올라가고 한 번은 내려가서 조화로움을 원칙으로 삼아 만물의 근원에서 떠다니며 사물을 사물로 부릴 뿐 사물에 부림당하지 않을 것이니라. 이렇게 하는데 어찌 재난과 만날 수 있단 말인가? 이것이 신농(神農)과 황제(黃帝)의 법칙일세. 대저 만물의 상태나 인간 세계에 전해지는 이치는 그렇지가 않다네. 만나면 헤어지게 마련이고, 이루고 나면 무너지며, 옳은 일은 꺾이게 되고, 높은 지위에 오르면 전락하게 되며, 재능이 있으면 방해받기 마련이고, 어질면 음모에 빠지게 되며, 어리석으면 속임을 당하고 마니, 어찌 확실한 근거가 있단 말인가? 슬프다. 너희들은 이를 기억해 두어라! '무위자연(無爲自然)의 도(道 : 자연의 이치를 그대로 따르는 것)' 야말로 유일의 근거라는 것을 말이다."

이 이야기는 전반과 후반으로 나뉜다. 전반에서는 산에 있는 나무가 쓸모없기 때문에 장수했다는 사실, 즉 '무용(無用)의 용(用)에 대해서 이야기하고 있다. '무용의 용' 이란 쓸모없는 것이 오히려 유용하다는 장자의 역설적인 설명이다. 이 '무용의 용' 은 제6장 '지는 것이 이기는 것' 에서도 언급하니 참고하기 바란다.

후반에서는 쓸모없는 기러기가 죽게 되었다는 이야기이다. 여

기에서는 '무용의 용' 의 사고방식을 부정한다. 즉, 쓸모있는 것
이 좋다는 생각이다. 그리고 장자의 제자는 쓸모있는 것과 쓸모
없는 것 중 어느 쪽이 좋은지를 스승에게 묻는다. 후반은 제자의
질문에 대한 장자의 대답이다. 장자가 이상으로 생각하는 무위
자연(無爲自然)의 도(道)와 속악(俗惡)한 세상을 비교하면서 무
위자연의 세계를 예찬한다.

위의 이야기에서 주의해야 할 점은 '무용의 용' 이 부정의 대
상이 된다는 사실이다. 장자는 쓸모의 유무에는 큰 의미를 두고
있지 않다. 장자는 유용 또는 무용을 초월한 더 높은 세계를 추
구하고 있다.

장자가 생전에 있던 전국 시대는 나라가 어지러웠으며, 권력
의 귀추도 정돈되지 않았다. 이 세상을 안전하게 살아가기 위해
서는 특정한 태도를 고집하지 말고 세력을 견지하는 것이 필요
했다. 임기응변을 잘하느냐 못하느냐에 따라 난세에서 생사가
결정된다.

'무위자연의 도' 라는 장자의 철학은 난세에서 살아남기 위한
지혜다. 특정한 태도를 취하는 것보다 임기응변의 태도를 취하
는 것이 더 어렵다. 임기응변의 태도를 취하기 위해서는 상황을
정확하게 파악하는 능력이 필요하기 때문이다.

　장자는 쓸모있는 것과 쓸모없는 것 중 어떤 것이 좋은가에 대한 제자의 질문 자체를 무효(無效)로 했다. 질문에 대한 답이 없어서가 아니다. 항상 문제에 의문을 갖는 태도가 중요하다는 사실을 제자에게 가르치고 있는 것이다. 위의 이야기는 쓸모에 따라 사물을 판단하는 실용성을 중시하는 사회에 대한 경고라 할 수 있다.

　그렇다고 쓸모에 대해 묻는 질문이 전혀 무의미한 것은 아니다. 질문의 무효성(無效性)은 질문을 했을 때만 명백해진다. 속속 질문을 하자. 그리고 그 질문의 무효성을 체험하자. 명확하다고 믿은 것에서 새로운 사실을 깨닫는 것도 좋은 일이다. 사고를 뒤집는 일, 이 또한 지식에서 느낄 수 있는 쾌락의 한 부분이다.

시대의 흐름을 간파하라

『장자』의 우화에는 쓸모없는 한 가지 조건이 다른 두 가지 결과를 초래했다. 다른 한 가지 예를 들어보자. 『열자(列子)』설부(說符) 제8편에 다음과 같은 이야기가 나온다. 열자는 전국시대의 『열어구(列禦寇)』의 저자이며 도가 사상을 설명했다.

출세하는 사람과 못하는 사람

노(魯) 나라 시(施)씨에게는 두 아들이 있었다. 한 아들은 학문을 좋아했고 다른 아들은 전쟁을 좋아했다. 학문을 좋아하는 아들은 학술(學術)로 관직에 오를 수 있도록 제후(齊候)에게 청하여 공자(公子)들을 가르치는 일을 하게 되었다. 전쟁을 좋아하는 또 다른 아들은 초 나라로 건너가 병법(兵法)으로 관직에 오를 수 있도록 왕에게 청하여 군법을 취급하는 일을 하게 되었다. 봉급은 집안을 부유하게 만들었고 지위는 집안의 명성을 떨치게 했다.

이웃에 사는 맹(孟)씨에게도 시(施)씨와 마찬가지로 학문과 전쟁을 좋아하는 두 아들이 있었는데 몹시 가난했다. 맹씨는 부유한 시씨가 부러워 출세 방법을 가르쳐 달라고 부탁했다. 두 아들은 있는 그대로 맹씨에게 알려주었다.

공부를 좋아하는 맹씨의 아들은 진 나라로 건너가 학술로 관직에 오를 수 있도록 왕에게 청했다. 왕은 말했다.

"지금 우리 나라는 전쟁 중이기 때문에 군대와 식량이 필요하다. 인의(仁義)의 가르침으로 내 나라를 다스린다면 바로 멸망하게 될 것이다."

결국 무거운 형벌을 받고 추방당했다. 전쟁을 좋아하는 또 다른 아들은 위 나라로 건너가 병법으로 관직에 오를 수 있도록 왕에게 청했다. 왕은 말했다.

"우리 나라는 약국(弱國)이며 게다가 강대국 사이에 있다. 대국은 높이 받들어 섬기고 소국은 돌봐주는 것이 안전을 위한 방법이다. 병법 책략에 의지한다면 반드시 멸망하고 말 것이다. 만

일 너를 멀쩡하게 되돌려 보내준다면 다른 나라로 가서 내 나라
에 막대한 피해를 줄 것이 틀림없다."

결국 왕은 맹씨의 다리를 잘라서 노 나라로 되돌려 보냈다.

이리하여 맹씨의 두 아들은 집으로 돌아왔다. 맹씨 부자는 가
슴을 치고 분통해하며 시씨를 다그치자 그는 이렇게 말했다.

"무엇이든 시간을 얻는 자는 번창할 것이며 시간을 잃는 자는
망할 것이오. 당신이 취한 방법은 우리와 같았지만 그 효과는 달
랐습니다. 이는 시간을 잃었기 때문이지요. 행동을 잘못해서도
아닙니다. 세상에는 언제나 올바른 도리가 없듯이 언제나 그릇된
도리도 없습니다. 지난날 요긴하게 쓰이던 것이 지금은 쓸모없는
것이 될 수 있습니다. 지금 쓸모없는 것이 훗날 요긴하게 쓰일 수
도 있지요. 이러한 용(用)과 불용(不用)을 구별할 수 있는 정해진
규칙은 없습니다. 기회와 적정 시기를 잘 포착하여 자유자재로
사물 변화에 대응하는 것은 지혜의 힘에서 나옵니다. 만일 지혜
가 부족하다면 공자(孔子)와 같은 넓은 학문과 여상(呂尚)과 같
은 계략이 있다 해도 어디를 가든 곤궁에 빠질 것입니다."

맹씨 부자는 이 말을 듣고 언제 화를 냈냐는 듯이 말했다.

"잘 알았습니다. 당신은 더 이상 어떤 말도 하지 않아도 될 듯
합니다."

이 이야기는 처음에는 노 나라 시씨의 두 아들 중 한 아들은 학문으로 제 나라의 관직이 되고, 다른 아들은 병법으로 초 나라의 관직이 되어 모두 출세했다고 서술한다. 다음에는 이웃에 사는 맹씨의 두 아들이 이 이야기를 듣고 한 명은 학문으로 진 나라에서, 다른 한 명은 병법으로 위 나라에서 각각 관직을 청했지만 모두 실패하고 만다. 그리고 마지막에는 시씨와 맹씨의 아들이 같은 조건을 갖추고 있는데도 다른 결과를 낳은 이유를 설명한다. 여상(呂尙)은 강태공으로 주(周) 나라의 문왕(文王)을 섬긴 현자다.

시씨의 아들과 맹씨의 아들은 똑같은 행동을 했지만 시씨의 아들은 성공하고 맹씨의 아들은 실패했다. 그 이유를 생각해 보자.

시씨의 아들이 성공한 것은 제 나라와 초 나라의 국가 정세를 잘 파악했기 때문이다. 학문이 필요한 국가에는 학문을 제공했으며, 군사가 필요한 국가에는 군사를 제공했다. 그들은 필시 많은 정보를 수집했을 것이며 다양한 정보를 분석하여 정확한 판단을 내렸다.

그러나 맹씨의 아들이 실패한 이유는 상황 판단을 잘 못했기 때문이다. 진 나라와 위 나라의 국가 정세를 잘 파악하지 않고 군사

국가에는 평화 사상을, 안전을 바라는 국가에는 무력으로 해결하는 방법을 내세웠으니 성공할 리가 없다. 성공 또는 실패는 상황을 정확히 판단하느냐 그렇지 못하느냐에 따라 결정된다.

상황을 정확히 판단하려면 주도면밀한 준비가 필요하다. 이것은 하루아침에 가능한 일이 아니다. 성공과 실패는 무언가를 실행하기 위해서 얼마만큼 준비하고 연구했는가에 따라 결정된다. 맹씨의 아들은 시씨가 성공한 그 자체만을 보았으며, 성공하기 위해서 얼마나 많은 준비와 연구가 필요한지를 전혀 몰랐던 것이다.

이 세상은 끊임없이 변하고 있다. 어떠한 일이 일어날지 모르므로 일정한 척도로 세상사를 예측할 수 없다. 난세를 무력으로 통일한 영웅이 평화로운 시대에는 도적으로 보일 수 있다. 시대착오로 경멸받는 일도 옛것을 아끼고 사용하면 시대의 첨단을 달릴 수도 있을 것이다. 새로운 것이 진부해지고 진부한 것이 다시 새로워진다. 세상의 유행은 눈 깜짝할 사이에 변한다. 주변 변화에 자유자재로 대응할 수 있는 지혜가 이 시대에 더욱더 필요하다.

훌륭한 재주가 있다고 해서 반드시 성공할 수 있는 것은 아니다. 성공하려면 주관적인 소망과 객관적인 조건이 일치해야 한다. 이는 우연히 일어날 수도 있고 필연적으로 일어나는 결과일 수도 있다. 어쨌든 시대의 흐름을 정확하게 파악하는 일이 무엇보다 중요하다.

맹씨가 실패한 원인은 시씨의 성공을 그대로 흉내 냈기 때문일지도 모른다. 무슨 일이든지 독창성이 필요하다. 고정관념을 버리고 항상 진취적으로 생각해야 한다. 『열자』 설부(說符) 제8편에 독창성이 없는 비참한 곡예사의 이야기가 나온다.

두 곡예사

송(宋) 나라에 방랑 곡예사가 있었는데, 그는 자신의 재주로 송 나라 원군(元君)에게 잘 보이려고 했다. 어느 날 원군이 그를 불러 재주를 부리게 했다. 곡예사는 자신의 키보다 두 배나 긴 봉을 정강이와 연결하여 사뿐사뿐 뛰었다. 또 질주를 하면서 검 일곱 개를 교대로 공중에 던져 두 개는 두 손에 그리고 다섯 개는 공중에서 춤을 추는 묘기도 보여주었다. 원군은 매우 놀라 바로 금과 비단을 포상으로 내려주었다.

한편 구르기와 칼날 아래로 빠져나오기를 잘하는 또 다른 곡예사가 그 이야기를 듣고 자신도 원군에게 잘 보이고 싶어 그를 찾았다. 그러나 원군은 크게 노하여 말했다.

"얼마 전에 진기한 곡예로 내 마음에 들게 하려고 한 사람이 있었다. 재주는 득이 되지 않았지만 때마침 나도 즐거운 한때를 보냈다. 그래서 금과 비단을 포상으로 주었는데, 그 소문을 듣고 내 포상에 손을 대려 하고 있구나."

원군은 그자를 잡아 죽이려 했으나 한 달 후에 간신히 용서해 주었다.

기술이 같은 곡예사가 두 명 있었는데 한 명은 송의 군주에게 환영을 받으며 포상까지 받았다. 그러나 다른 한 명은 군주의 심기를 불편하게 만들어 목숨을 잃을 뻔했다는 이야기이다.

성공과 실패의 원인은 단순히 군주의 변덕스러운 성격 탓도 있겠지만, 왜 곡예사에게 화를 내었는지는 생각해 볼 필요가 있다. 그 이유는 성공한 곡예사의 이야기를 듣고 그 흉내를 냈기 때문이다. 타인의 흉내를 내어 쉽게 이익을 취하려 한 행동이 잘못이었다. 변덕스러운 군주이기는 하지만 독창성의 유무를 가릴 줄 알았다.

기회는 항상 자신의 힘으로 스스로 획득해야 한다. 남이 닦아 놓은 길을 걷기는 쉽지만 그것은 진정으로 걸었다고 할 수 없다. 닦아놓은 길에서 더 많은 성과를 거두기 위한 용기가 필요할 때도 있다. 용기가 없으면 새로운 길을 개척할 수 없다.

저항과 복종

세상에는 다양한 역경이 기다리고 있다. 이에 대처하는 방법은 모두 다르다. 같은 조건이 다른 결과를 낳는 경우가 있는가 하면 반대로 다른 조건이 같은 결과를 낳는 경우도 있다. 남의 경험이 도움이 되는가 하면 남을 흉내 내어 실패하는 경우도 있다. 역경에 처했을 때 어떻게 대처해야 할까. 다음은 상황 판단의 어려움을 시사한 우화다. 『열자』 설부(說符) 제8편에 실린 이야기이다.

강도를 만난 형제

우결(牛缺)은 상지(上地)의 유명한 학자이다. 그는 한단으로 가는 도중 우수(耦水)의 자갈밭에서 강도를 만났다. 옷과 탈것 등을 모두 빼앗기고도 가던 길을 갔다. 그는 즐거워 보였으며 억울해하거나 아까워하는 기색이 전혀 없었다. 이를 이상히 여긴 강도는 바로 뒤따라가 그 이유를 물었다.

"군자는 자고로 생필품 따위를 지키려고 몸에 상처를 입히지 않는다오."

"아! 정말로 현명하군."

강도는 동료들과 상의했다.

"저렇게 현명한 사람이 조 나라의 군왕(君王)을 만나 우리를 잡으라고 하면 필시 고통을 당할 것이다. 죽여 버리는 것이 좋겠어."

강도는 우결의 뒤를 쫓아 그를 죽였다.

이 이야기를 들은 연(燕) 나라의 사람은 동족들을 모아 주의하도록 일렀다.

"강도를 만났을 때는 우결과 같은 행동을 하지 말라."

모두 이 가르침을 새겨들었다.

우결의 동생이 갑자기 진(秦)으로 가게 되었다. 관소(關所) 아래 지방에 당도하자 예상한 대로 강도가 나타났다. 형의 경험을 떠올리면서 동생은 온 힘을 다해 강도에게 덤벼들었으나 지고 말았다. 그리고는 도망친 강도를 뒤쫓아 비굴하게 훔친 물건을 돌려달라고 애원했다. 강도는 화를 내며 말했다.

"너를 살려준 것은 도량이 넓어서였는데 끝까지 우리 뒤를 따라왔구나. 이렇게 되면 우리가 도둑질한 증거가 밝혀질 것이다. 강도 짓을 한 이상 어찌 동정을 베풀 수 있겠는가."

결국 강도는 그를 죽이고 네다섯 명의 동료까지 동시에 살상했다.

이 이야기의 전반에는 강도와 만난 우결이 복종의 정신을 내세워 목숨을 잃었고 후반에는 우결의 동생이 같은 강도를 만나 저항하다 목숨을 잃었다. 복종하거나 저항해도 살해당하기는 마찬가지였다. 방법은 달랐지만 모두 비극적인 결과를 낳았다. 결국 우결의 동생은 형의 교훈이 도움이 되지 않았다.

남이 경험한 실패를 되풀이하지 않도록 노력하는 것 역시 중요하다. 곤란을 극복하기 위해서는 당시 상황에 알맞은 임기응변의 지혜와 노력이 필요하다.

이번에는 두 형제가 목숨을 잃은 이유를 새롭게 상상해 보자.

학자 우결은 지식 계급에 속했다. 그는 강도를 전혀 두려워하지 않았다. 오히려 두려워하지 않는 이유를 강도에게 설명해 주기까지 했다. 그 이유를 듣고 강도는 우결을 죽였다. 우결은 왜 자신이 스스로 군자라는 사실을 과시했을까.

여기에서 지식인의 교만함을 느낄 수 있다. 그 말이 강도에게 어떠한 영향을 줄지 짐작했을까? 만일 짐작하지 못했다면 그의 상상력은 매우 심하게 결여되어 있다. 차라리 현자를 풀어주어 되돌아올 피해를 예측한 강도의 상상력이 훨씬 뛰어나다. 강도가 우결의 뒤를 쫓아왔을 때 재빨리 도망쳤다면 죽음은 면했을 것이다. 강도를 두려워하지 않는 것처럼 강도에게 불안한 일은 없다.

우결은 강도의 자존심을 건드렸다는 사실을 알지 못했다. 게다가 자신이 훌륭한 지식인이라는 거만한 태도까지 보여주었다. 이와 같이 상상력의 결여는 우결이 목숨을 잃은 최대의 이유다.

그렇다면 우결의 동생은 어떠한가. 그는 우결과 반대로 있는 힘을 대해 강도와 싸웠지만 지고 말았다. 그 선에서 그쳤다면 아마 죽음은 면했을 것이다. 그런데 그는 여기서 강도를 뒤쫓아가는 실수를 한다. 게다가 물건을 돌려달라는 비굴한 태도를 보여 강도를 더욱 화나게 했다. 그전까지는 동생의 용기에 감동했을 것이다. 그리고 용기있는 사람과 겨루어 승리했다는 자체를 자랑스럽게 여겼을 것이다. 하지만 그 자랑스러움이 동생의 말 한

마디로 무너지고 말았다. 동생을 죽인 이유는 도둑질한 증거를 남기는 것이 두려워서가 아니라 함께 겨룬 상대가 진정으로 용기있는 남자가 아니었다는 사실에 분노한 것이 아닐까? 강도의 자존심을 건드린 것이다. 이를 깨닫지 못한 동생은 형과 마찬가지로 상상력이 결여되어 있다. 즉, 우결 형제가 목숨을 잃은 이유는 상상력의 결여 때문이다.

진짜는 누구인가

격동하는 세상 속에서 겉만 보고 의심하는 일이 없도록 하기 위해서는 사물의 본질을 파악하는 통찰력이 필요하다. 이 세상에는 혼동하기 쉬운 일이 많기 때문이다.

보석과 도검(刀劍)은 가짜가 많기 때문에 그 분야에 능통한 감정가가 있다. 사람 또한 훌륭한지 아닌지를 판단하기란 쉽지 않다. 해박한 지식과 훌륭한 말솜씨로 그 사람의 훌륭함을 판단하지는 않는다. 이에 진짜와 아주 똑같은 가짜를 조심해야 한다.

『여씨춘추(呂氏春秋)』 권22편, 진행론(進行論) 의사(義似)에 진짜와 가짜를 구별하지 못하고 아들을 죽인 노인의 이야기가 나온다.

귀신에게 속은 노인

양(梁) 나라 북쪽 여구(黎丘)라는 언덕에 귀신이 살고 있었다. 그 귀신은 인간의 모습과 똑같이 변신을 잘했다.

한 노인이 시장에 나갔다 술에 취해 돌아오는 중이었다. 귀신은 노인의 아들로 변신하여 괴롭히기 시작했다. 집으로 돌아온 노인은 술에서 깨어나 자식을 꾸짖었다.

"내가 아비 노릇도 못한다고 대드는 거냐? 내가 취했을 때 날 괴롭힌 이유가 뭐냐?"

아들은 울면서 머리를 땅바닥에 내동댕이치며 말했다.

"누명입니다. 저는 절대로 그런 짓을 하지 않았습니다. 어제는 동쪽 마을에 빚을 받으러 갔습니다. 마을 사람들에게 물어보세요."

노인은 아들의 말을 믿으며 생각했다.

'아아, 이는 필시 그 귀신의 소행이 분명해. 전부터 그런 이야기를 들었지. 내일 다시 한 번 일부러 술을 마시고 돌아오는 길에 귀신을 만나면 칼로 찔러 죽여야겠어.'

다음날 아침, 노인은 시장에 나가 술에 취했다. 아들은 아버지가 돌아오지 않자 걱정이 되어 마중 나갔는데 노인은 아들을 보

고는 칼을 뽑아 찔렀다. 아들을 귀신으로 의심하여 진짜 아들을
죽이고 만 것이다.

이 이야기는 유능한 인물을 가려내기가 얼마나 어려운지를 말
해 준다. 무심코 가짜에게 속아넘어가면 되돌릴 수 없는 비극을
초래한다. 이 이야기의 뒤에는 다음과 같은 말이 나온다.

가짜를 알아보려면 그것을 잘 구별할 줄 아는 사람이 필요
하다. 순(舜)이 마부가 되어 요(堯)가 왼쪽에, 우(禹)가 오른쪽
에 있어도 습지에 들어가면 목동에게 묻고, 물에 들어가면 어
부에게 묻는다. 이는 왜일까? 그들이 자세하게 알고 있기 때
문이다. 쌍둥이가 아무리 닮았다고 해도 어머니는 언제나 자
식을 구별할 수 있다. 부모는 자식을 너무도 잘 알기 때문이
다.

순(舜), 요(堯), 우(禹)는 모두 중국 고대 성왕(聖王)의 이름이
다. 아무리 성인이라도 잘못을 저지를 때가 있다. 실수를 하지
않으려면 그 분야의 전문가에게 맡기는 것이 가장 좋다. 만일 귀
신을 알아볼 수 있는 명인이 있다면 노인은 그 사람과 상의하면

좋았을 것이다. 아니면, 집을 나설 때 귀신에게서 몸을 지키는 부적이라도 지니고 나가야 했을 것이다. 『요괴 대사전(妖怪大事典)』을 준비했다면 더욱 좋았을 것이고 노인이 귀신에 대한 지식을 갖추었다면 비극을 미연에 방지할 수 있었을지도 모른다.

앞에서 어머니는 쌍둥이를 구별할 수 있다고 했다. 자신의 아들을 알아보지 못한 노인은 아버지 자격이 없다. 또 노인은 시장에 나가 취해서 돌아왔다고 했는데 어지간히 술을 좋아했는가 보다.

술은 사람의 감각을 마비시킨다. 노인이 귀신과 자신의 아들을 분간하지 못한 것은 술이 원인이었다. 귀신은 술주정뱅이만 골라 속였을 가능성이 크다. 노인은 실수로 자신의 아들을 죽였을 때도 귀신을 꾀어내기 위해 일부러 술을 마셨다고 하지만 정말로 술을 마실 필요가 있었을까? 노인에게 술에 취한 척하여 귀신을 속일 정도의 지혜가 있었다면 실수로 아들을 죽이는 일은 없었을 것이다. 술은 판단을 흐리게 한다. 결국 술 때문에 아들을 죽인 셈이다.

이 이야기에서 노인은 실수를 두 번했다. 첫 번째는 귀신을 자신의 아들이라고 여겼고, 두 번째는 자신의 아들을 귀신으로 여겼다. 인간은 실수를 하면서 성장한다. 그런 의미에서 첫 번째 실수는 노인의 죄가 아니다. 그러나 노인은 첫 번째 실수에서 얻은 교훈을 발휘하지 못했다. 두 번째 실수는 명백히 노인의 죄다. 게다가 노인이 두 번째 실수를 했을 때 귀신은 어떠한 장난도 하지 않았다는 점에 주의하자.

귀신이 두려운 것이 아니다. 진정으로 두려운 것은 인간의 마음속에 사는 요물이다.

운명 역전

이 세상의 정황(情況)은 끊임없이 변화한다. 어떻게 변화하는지를 끝까지 지켜보기는 매우 어렵다. 그러나 모든 일은 변한다는 사실을 안다면 전혀 두렵지 않다. 『회남자(淮南子)』권18편, 「인간훈(人間訓)」에 실려 있는 이야기를 살펴보자. 『회남자』는 한(漢) 나라 고조(高祖)의 손자인 회남왕(淮南王) 유안(劉安)이 중심이 되어 편찬했다. 당시 도가 사상을 밑바탕으로 학술 사상을 수집했다.

말이 도망치다

요새 가까운 곳에 사는 사람이 있었는데 그는 도술이 뛰어났

다. 어느 날 말이 이유없이 도망쳐 북쪽 이민족 땅으로 들어갔
다. 사람들이 모두 위로하자 그의 아버지는 말했다.

"왜 이리도 되는 일이 없지?"

수개월이 흐른 뒤 도망쳤던 말이 북방산(北方産) 준마(駿馬)
를 끌고 돌아왔다. 사람들이 모두 축하해 주자 그의 아버지는 말
했다.

"이렇게 운이 좋을 수가……!"

덕분에 그의 집은 좋은 말로 넘쳤다.

어느 날 말 타기를 좋아하는 그의 아들이 말에서 떨어져 넓적
다리가 부러졌다. 사람들이 모두 위로하자 그의 아버지는 말했
다.

"왜 이리도 되는 일이 없지?"

1년 뒤 북방의 이민족이 요새로 침입했다. 성인 남자는 전쟁
터로 나가 대부분 죽었다. 그러나 다리가 불편한 아들은 아버지
와 함께 무사했다. 즉, 행복이 재난이 될 수 있고 반대로 재난이
행복이 될 수도 있는 것이다. 이와 같이 변화는 예측이 불가능하
다.

요새 가까운 곳에 사는 사람의 말이 도망친 일부터 시작하여
행복과 불행이 차례로 찾아오는 이야기이다. '새옹지마(塞翁之

馬)’라는 말이 여기서 유래한다. ‘인간만사새옹지마(人間萬事塞翁之馬)’라고도 하며 인간의 행복과 불행은 쉽게 바뀐다는 예다.

말이 도망치다 도망친 말이 준마를 끌고 돌아온다, 아들이 말에서 떨어져 다리를 다친다, 전쟁에 휘말리지 않고 목숨을 건진다. 이와 같이 행복과 불행이 차차 역전해 나가는 모습이 흥미롭다.

모든 사물은 겉과 속의 양면이 있다. 겉이 속이 될 수 있고 속이 겉이 될 수도 있다. 좌표 축을 이동하면 좌표 위치가 바뀌는 것처럼 긍정이 부정이 될 수 있고 부정이 긍정이 될 수도 있다. 유리한 조건이 오히려 재난을 낳고 불리한 조건이 행복을 불러들인다. 인간의 운명은 결코 고정적이지 않으며 항상 역전의 가능성을 내포한다. 낙관할 일이 없다면 비관할 일도 없다.

불리한 조건을 활용해라

인생의 기복은 들쭉날쭉하여 순조롭지 않다. 역경 속에서 괴로울 때 이러한 불리한 조건을 적극적으로 활용하면 오히려 유리해질 수 있다. 이럴 때일수록 정신만 차리면 승리를 쟁취할 수 있는 것이다. 그러므로 조건이 유리한 사람만이 승리할 수 있는 것은 아니다. 『한비자』 설림(說林) 하 제22편에 다음과 같은 우화가 나온다.

적국(敵國)으로 간 사자(使者)

초 나라의 공격을 받은 오 나라는 저위궐융(沮衛蹶融)이라는 사람을 파견(派遣)하여 초의 군대가 잠잠해지도록 위로하게 했으나 포로로 잡혔다.

"꽁꽁 묶어라! 저놈을 죽여 북에 피를 뿌려라!"

초의 장군은 그에게 물었다.

"네가 이 나라로 들어올 때 어떻게 될지 점을 쳐보았느냐?"

"네, 점을 쳐보았습니다."

"그래, 그 점은 길(吉)이었느냐?"

"네, 길했습니다."

"지금 우리 나라에서는 네 피를 북에 뿌리려 하고 있는데 어찌 길하다고 할 수 있느냐."

"지금 이 상황이 길하다는 증거입니다. 제가 이곳에 파견된 이유는 장군님의 노여움을 살피기 위해서였습니다. 장군님이 몹시 노여워하고 있다면 오 나라에서는 굴을 더욱더 깊이 팔 것이고, 성벽을 높이 쌓을 것입니다. 반대로 노여워하지 않고 있다면 방심하겠지요. 지금 저를 죽인다면 더욱더 초 나라를 경계하고 수비를 철저히 할 것입니다. 이 한 몸 죽어서 나라를 지킬 수 있다면 길하다고밖에 할 수 없지요. 게다가 죽은 사람에게 지각(知覺)이 없다면 제 피를 북에 뿌려도 소용없습니다. 그러나 죽은 자에게 지각이 있다면 전쟁이 시작될 때 저는 북이 울리지 않도록 할 것입니다."

결국 오 나라 사람은 죽지 않고 살 수 있었다.

오 나라의 사자(使者) 저위궐융은 초 나라의 포로로 잡혀 죽을 위기에 처했다. 그런나 그는 죽기 직전에 처한 자신의 위기가 길하다는 증거라고 말한다. 상식적으로 적에게 처형당하는 것을 길하다고는 할 수 없다. 자신의 위기를 길하다고 상대방을 이해시키는 논리적 전개가 매우 흥미롭다.

자신이 죽으면 오 나라는 적을 더욱더 경계하여 나라를 지킬 수 있다고 말했을 때 초 나라 장군은 겁을 먹었을 것이다. 게다가 저위궐융은 죽은 자의 지각 유무까지 언급하여 장군에게 겁을 주고 있다. 이때 두 사람의 처지가 완전히 뒤집혔다.

저위궐융은 포로가 되어도 두려워하지 않고 언변을 무기로 적과 교섭하여 승리한다. 자신이 죽을지도 모른다는 불리한 조건을 계략으로 이용하여 역경에서 벗어난 것이다.

사물에는 장점과 단점이 있는데 그것을 구별하기는 쉽지 않다. 불리한 조건은 언뜻 단점으로 보이지만 활동 방법에 따라 장점이 되기도 하고 유리한 조건은 단점이 되기도 한다. 병약한 사람이 건강에 주의하여 장수하는가 하면 힘 센 사람이 흉기에 찔려 바로 죽을 수도 있다.

모택동(毛澤東)은 1938년 5월 「항일 유격 전쟁의 전략 문제」
라는 논문을 발표했다. 당시는 일본군이 중국을 침략하여 전쟁
중이었다. 그는 이 논문에서 유격전의 전략적 역할을 설명했다.
다음은 모택동선집간행회역(毛澤東選集刊行會譯) 『모택동 선
집(毛澤東選集)』 제3권 (三一書房, 1956년)에서 인용한 글이다.

유격대의 약점은 투쟁을 할수록 약소해진다는 점이다. 어떤
경우에는 그 약점이 적의 심장을 뚫을 수 있는 좋은 조건이 된
다. 예를 들어 유격대는 약소하기 때문에 적의 후방에서 신출
귀몰하게 활동하기 좋으며 적은 이를 막기 어렵다. 대규모 정
규군은 이러한 행동을 자유롭게 하기가 불가능하다.

약소한 유격대는 신출귀몰하게 활동하는 데 유리하다. 결국
유격대의 약점이 강력한 무기가 된다. 약점이 무기가 되는 예로
위와 같이 훌륭한 표현은 없을 것이다. 또 다음과 같이 서술했
다.

적이 퇴각할 때쯤 그대로 남아 있는 도시의 가옥이나 연도

의 마을을 모두 불태워 버린다. 그 목적은 유격전의 근거지를 파괴하기 위함이며 동시에 적의 2차 공격도 막을 수 있기 때문이다. 집과 식량이 없으면 군사들의 몸도 많이 상하게 된다. 이는 한 가지 일에 서로 모순된 두 가지 의미가 내포된 구체적인 예중이다.

적의 공격이 그들 자신을 괴롭히는 결과를 낳는다. 즉, 승리가 약점이 될 수 있다는 것을 지적했다. 장점이 단점이 되고 단점이 장점이 되기 때문이다.

이번에는 불리한 조건을 잘 활용한 예로 『여씨춘추(呂氏春秋)』 권10편 맹동기(孟冬紀) 이보(異宝) 에 실린 우화다.

자손에게 물려준 토지

요즘과는 다르지만 옛날에도 보석이 있었다. 병에 걸려 금방이라도 숨이 끊길 것 같은 손숙오(孫淑敖)는 자식들을 불러 타이르듯 말했다.

"왕은 몇 번씩 나에게 영토를 주려고 했는데 받지 않았다. 만일 내가 죽는다면 왕은 너희들에게 영토를 주려고 할 것인데, 절대 비옥한 토지를 받아서는 안 된다. 초(楚)와 월(越) 사이에 침(寢)이라는 언덕이 있다. 그곳의 토지는 비옥하지도 않았고 잘 알려져 있지도 않았다. 초 나라 사람들은 죽은 자의 혼령을 두려워하며 월 나라 사람들은 신(神)을 믿는다. 오래도록 소유할 수 있는 것은 오직 이 언덕뿐이다.”

아니나 다를까, 손숙오가 죽자 왕은 비옥한 땅을 자손들에게 주려고 했다. 그러나 자손들은 사퇴했다. 대신 침(寢)의 언덕을 부탁했고 오래도록 잃지 않았다.

손숙오는 지식인이었으며 이점을 이점으로 보지 않았다. 그리고 사람들이 기피하는 것을 스스로 즐겁게 받아들여야 한다는 사실도 알고 있었다. 이것이 도덕을 겸비한 사람이 속세의 사람들과 다른 이유다. 비옥한 토지보다 볼품없는 토지를 선택했기 때문에 토지와 자손 모두 오래오래 번창할 수 있었다는 이야기이다.

손숙오는 초의 재상이었다. 보통 사람들은 자손에게 비옥한 토지를 남겨주고 싶어한다. 그러나 손숙오는 그렇지 않았다. 풍족한 조건이 오히려 해로울 수 있다는 사실을 깨달았기 때문이다.

비옥한 토지는 분쟁의 원인이 될 수 있다. 그리고 넓은 땅을 유지하는 데 막대한 비용이 들어간다. 항상 이점만이 있는 것은 아니다. 이와 반대로 볼품없는 토지는 어떠할까. 아무도 탐내는 사람이 없다. 탐내는 사람이 없으니 분쟁이 일어나는 일도 없다.

그뿐만이 아니다. 자손들이 볼품없는 토지를 풍요롭게 만들기 위한 노력과 결속력을 굳게 다지는 결과를 초래할지도 모른다. 손숙오는 자손에게 볼품없는 토지를 물려주었다. 이는 누구나 할 수 있는 일이 아니다. 눈앞의 이익만 생각하지 말고 가장 소중한 것이 무엇인가를 정확하게 판단하는 힘이 있어야 한다. 그러한 힘이 있다면 불리한 조건을 장점으로 바꿀 수 있다.

발상의 전환

사물의 가치는 활용 방법에 따라 달라진다. 아무리 볼품없다고 여겨지는 것도 잘 이용하면 도움이 된다. 『장자』 소요유(逍遙遊) 제1편에 다음과 같은 우화가 나온다. 논리학자로 알려진 혜자(惠子)는 호리병을 비유하여 현실에 도움이 되지 않는다며 장자의 사상을 비판했다. 이에 대하여 장자는 비유를 들어 반론했다.

손 틈 방지 약

송 나라에 손이 트지 않는 약을 잘 만드는 사람이 있었다. 그 사람은 대대로 무명을 표백하는 일을 이어왔다. 한 남자가 이 이

야기를 듣고 약의 제조 비법을 백금(百金)을 주면서 팔라고 청했
다. 송의 일가족이 모두 모여 상의한 뒤 말했다.

"나는 대대로 면을 표백하는 일을 해왔는데 수입은 수금(數
金)에 지나지 않았다. 그래서 지금 잠깐 만에 백금을 주고 제조
법을 사겠다는 사람이 나타나 팔기로 했다."

남자는 제조법의 비결을 사서 약을 만들어 오왕(吳王)에게 그
효능을 말했다.

월(越)과 전쟁이 일어나자 오왕은 그를 장군으로 임명했다.
추운 겨울 월 나라와 수상전(水上戰)에서 이겨 오왕은 그에게 땅
을 주었다.

손이 트지 않게 하는 약으로 어떤 사람은 땅을 받고, 또 어떤
사람은 평생 면을 표백하는 일을 하고 있다. 이는 활용 방법이
다르기 때문이다.

손을 트지 않게 하는 약을 전쟁터에 사용하여 성공한 남자의
이야기이다. 면을 표백하는 데 손이 많이 상하므로 그것을 방지
하는 약이 필요하다. 한 남자가 이 약을 주의 깊게 봐두었다가
전쟁터에서 활용하는 방법을 생각해 낸 것이다.

오 나라와 월 나라는 개천과 호수가 많기 때문에 수상에서 전

투하는 일이 종종 있다. 추운 겨울에 수상전을 하면 동상에 걸릴 가능성이 크다. 그때 동상에 걸리지 않는 약으로 전투력이 빼앗기지 않게 했다. 그 남자는 이러한 일을 오왕에게 설명했으며 그 예상은 적중했다. 오 나라가 월 나라와의 전쟁에서 승리한 것은 바로 손 틈 방지 약 덕분이었다.

이 약 덕분에 남자는 출세를 했다. 남자를 성공할 수 있게 한 비결은 손 틈 방지 약을 겨울철 전쟁에서 사용한다는 발상의 전환 외에는 없다.

위의 이야기를 예로 들면서 장자는 '큰 조롱박을 큰 술병 대신으로 사용할 수 있다는 것을 어찌 생각해 내지 못했을까' 라고 했다. 혜자(惠子)는 조롱박은 음료를 넣거나 국자를 만든다는 고정관념이 있었다. 그래서 너무 큰 조롱박은 쓸모가 없다고 생각했다. 장자는 이러한 고정관념을 깨고 흔히 생각해 내지 않은 것을 생각해 냈을 때 사물의 진정한 가치가 있다고 시사했다. 임기응변의 책은 상식을 뒤엎는 용기가 있어야 발휘할 수 있는 것이다.

2

속임수의
효용

우리는 어릴 때부터 거짓말을 하지 말라고 배웠다.
그러나 금지된 것처럼 매력적인 것은 없다.
죠르주 바타이유는 『문학과 악』에서 에밀리 브론테의
『폭풍의 언덕』을 논하면서 다음과 같이 말했다.

금지란 가까이 해서는 안 되는 것을 숭고화(崇高化)한 것이다.
가까이 할 때는 속죄를(죽음을) 각오해야 한다.
그렇지 않으면 금지란 장벽이며 동시에 유혹이다.

거짓말을 하지 말라는 가르침은 거짓말에 대한 매력을
역설적으로 말하고 있다.
거짓말에는 여러 형태가 있다.
아쿠타와 류노스케(芥川龍之介)는 『난쟁이의 말』에 이런 말이 있다.
'나는 불행하게도 알고 있다.
때로는 거짓말을 해야 하는 슬픈 진실도 있다는 사실을(虛僞).'
거짓말 자체가 나쁘다는 교훈을 떠나
거짓말의 효용에 대해서 생각해 보자.

약속

약간 악의에 찬 고찰을 하기 전에 거짓말이 나쁘다고 보는 이야기를 몇 가지 소개한다. 시합 전의 준비 운동으로 생각하자. 『한비자』 외저설좌상(外儲說左上) 제32편에 다음과 같은 우화가 나온다.

돼지를 잡은 아버지

회자(會子)의 처가 장을 보러 외출하려 하자 아이가 달려들어 칭얼댔다. 어머니는 얼른 아이를 달래며 말했다.

"다녀와서 네가 좋아하는 돼지를 잡아 요리해 주마. 그러니 집에 있어라."

장을 보러 간 아내가 돌아오자 회자는 돼지를 잡아 죽이려고
했다. 아내는 남편을 말리면서 말했다.

"그저 아이를 놀려주려고 한 말입니다."

"아이는 놀림감이 아니오. 아무것도 모르는 아이는 부모의 행
동을 보고 배워 그대로 따라하지. 지금 당신이 한 거짓말은 아이
에게 거짓말을 가르치는 꼴이 됐소. 거짓말을 한 엄마를 믿지 않
게 된다면 더 이상 아이를 가르칠 방도가 없다오."

회자는 돼지를 잡아 요리했다. 거짓말을 한 아내를 나무라고
아이와 한 약속을 지켜주었다는 이야기이다.

회자는 공자의 제자이다. 자녀 교육을 위해서는 우선 부모가
모범을 보여주어야 한다. 말귀를 알아듣지 못하는 아이를 달래
주기 위해 무심코 내던지는 거짓말은 우리의 일상생활에서 흔히
일어날 수 있는 일이다.

그러나 아무 생각 없이 내뱉은 한마디는 상대방에게 상처가
된다. 가벼운 농담을 그대로 믿은 아이가 사실을 알았을 때 받을
충격은 크다. 현명한 아이라면 거짓말을 한 부모를 거울 삼아 절
대로 거짓말을 하지 않는 훌륭한 어른으로 성장할지도 모른다.
좋지 못한 체험을 역전시키는 방법이다.

그러나 모든 아이들이 현명하지는 않다. 속았다는 것을 알았

을 때 받는 충격은 가정 폭력으로 발전할 수도 있다. 또는 속아 넘어간 아이가 사기꾼과 같은 사람이 될 가능성도 크다. 아이가 그렇게 되었을 때 부모로서의 책임은 면할 수 없다.

아이는 부모의 모습을 보고 자란다. 부모가 아이들의 본보기가 되지 않는다면 교육은 황폐해지고 만다. 돼지를 잡아 아이에게 먹인 회자의 행위는 말로만 약속할 것이 아니라 행동으로 옮기는 것이 소중하다는 것을 몸소 실천한 것이다. 교육 현실에 대해 생각할 때 이 이야기에서 배울 점이 많다.

아랫사람을 거느리는 사람은 말을 할 때 신중하게 해야 한다. 『여씨춘추』 제18편 심응남(審応覽) 중언(重言)에 따르면 은(殷)나라의 천자(天子) 고종(高宗)은 3년간 아무 말도 하지 않았다고 한다. 혼자서 세계를 통치해야 하는 중대한 자리에 있었기 때문에 부적절한 발언을 할까 봐 두려워한 것이다.

옛날의 천자는 이 정도로 발언을 신중하게 했기 때문에 실언이 거의 없었다고 한다. 그 후로 다음과 같은 이야기가 나왔다.

천자(天子)는 거짓말을 하지 않는다

성왕은 동생 당숙우(唐淑虞)와 한가로운 시간을 보내고 있었다. 왕은 벽오동 잎을 동생에게 주면서 말했다.

"나는 너를 이제부터 제후로 삼겠노라."

당숙우는 기뻐하며 이를 주공(周公)에게 알렸다. 주공은 성왕
에게 물었다.

"천자는 당숙우를 제후로 봉하셨습니까?"

"아니다. 나는 단지 동생을 놀려주려고 한 말이었느니라."

"제가 듣기로 천자는 거짓말을 못한다고 들었습니다. 천자의
말은 사관이 기록하고 음악가가 노래하며 지식인이 칭송합니다."

결국 왕은 당숙우를 진후(晉候)로 봉했다.

주공단(周公旦)의 설득력은 뛰어났다. 그는 성왕에게 말의 소
중함을 가르치고 동생에 대한 애정을 명백하게 했으며 왕실을
견고하게 보좌했다.

거짓말로 동생을 조롱한 형을 타이르고 약속의 중요성을 시사
한 주공의 이야기이다. 성왕은 주 나라 무왕(武王)의 아들이다.
무왕의 동생인 주공단은 성왕을 보좌하면서 주(周) 왕조(王朝)
의 기반을 닦은 사람이다. 군주의 말은 그 영향력이 크다. 주공
은 젊은 성왕에게 자신이 한 말에 책임을 져야 한다고 가르쳤다.

약속을 지키는 일은 중요하다. 그렇다면 모든 약속을 지켜야

할까? 만일 잘못된 약속이라면 취소할 용기도 필요하다. 성왕에게 거짓말을 하지 말라고 당부하고 약속을 지키게 한 주공의 행동에 당 나라 유종원(柳宗元)이 반발했다. 『동엽봉제변(桐葉封弟弁)』 중에 주공을 비판한 글이 나온다

왕의 덕(德)은 행동에 따라 좌우된다. 옳지 않은 약속은 열 번 바꾸어도 흠이 되지 않지만 근본적으로 옳다고 판단되는 것은 절대로 바꾸어서는 안 된다. 하물며 농담으로 한 소리가 아닌가. 만일 농담을 그대로 받아들인다면 주공은 성왕에게 잘못된 길을 인도하는 것이다.

주공은 일단 입에서 나온 말은 실행해야 한다고 말했다. 이에 반해 유종원은 옳지 않은 약속은 지키지 않아도 상관없다고 주장한다. 농담으로 한 약속을 실행하면 오히려 과실을 범하게 된다. 누구의 생각이 옳은지 서로 다른 견해를 살펴보자.

상사는 부하에게 신뢰를 받아야 한다. 쉽게 거짓말하는 사람을 믿고 따르려는 자는 없을 것이다. 또 전쟁 시 지도자의 언행은 병사의 사기에 막대한 영향을 준다. 『여씨춘추』 권16편 이속남(離俗覽) 위욕(爲欲)에 다음과 같은 이야기가 나온다.

칠 일간의 공격

진의 문왕(文王)이 원(진의 이웃 나라) 나라를 토벌하면서 7일 간만 전투할 것을 병사들과 약속했다. 그러나 7일째가 되어도 원 나라가 항복하지 않자 철퇴하라고 명령했다. 이때 원 나라의 근황을 파악하기 위해 건너간 간첩이 나타나 말했다.

"원 나라는 지금이라도 항복할 것 같습니다."

군 지휘관이 원 나라가 항복할 때까지 기다릴 것을 부탁하자 문공이 말했다.

"신의는 나라의 보물이네. 원 나라를 얻으면서까지 보물을 잃고 싶지는 않네."

결국 원 나라에서 철퇴했다.

다음 해 또다시 원 나라를 토벌하면서 이번에는 반드시 원 나라가 항복할 때까지 싸우겠다고 병사들과 약속했다. 원 나라 사람은 그 소식을 듣고 항복했다. 위 나라 사람도 문공의 신의를 훌륭히 여겨 귀순했다. 원 나라를 공격하여 위를 얻은 셈이다.

문공이 원 나라를 차지할 생각이 없던 것은 아니다. 신의를 저버리고 원 나라를 차지하는 것보다 원 나라를 포기하는 편이 나은 것이라 판단했기 때문이다. 그렇게 문공은 원하는 것을 얻는 방법을 알고 있었다.

이 이야기의 전반에서 진 나라의 문공은 군의 지휘관보다 병사와 한 약속을 중요시하여 적지에서 철퇴했다고 했다. 7일간만 공격하겠다는 약속을 지킨 것이다. 후반은 적이 항복할 때까지 싸우자고 병사와 약속한다. 이를 들은 적은 항복했을 뿐만 아니라 이웃의 다른 나라도 귀순했다.

문공은 지휘관보다 그의 손과 발이 되어 싸우는 병사들의 마음을 더 중요하게 생각했다는 사실을 잊어서는 안 된다. 아무리 우수한 지휘관이라도 실제로 싸우는 것은 병사들이다. 문공의 성공 비결은 조직의 하층 계급에 속하는 사람들의 마음을 잘 읽었다는 데 있다. 지휘관의 의견에 따랐다면 첫 번째 전쟁에서 적을 공략했을지도 모른다.

하지만 그 이상의 성과는 얻지 못했을 것이다. 문공은 약속을 지키는 사람이라는 인상을 외부에 심어주어 다른 나라까지 얻었다. 누구나 원하는 것을 얻으려고 한다. 그러나 그 방법이 문제다. 신의를 중요하게 생각하는 사람에게는 승리의 여신이 항상 함께하기 마련이다.

허구의 진실

지금부터는 각도를 바꾸어 선의의 거짓말을 소개한다. 우선 『열자』 주목왕(周穆王) 제3편에 실린 이야기를 읽어보자.

거짓일까, 진실일까

연(燕) 나라에서 태어나 초 나라에서 자란 어떤 노인이 있었다. 고향인 연 나라로 향하고 있던 중 진 나라를 지나치게 되었는데 길 안내자가 진 나라의 마을을 가리키며 거짓말을 했다.

"여기가 연 나라입니다."

노인은 너무 기뻐 감격했다. 그리고 안내자는 절을 가리키며 또 거짓말을 했다.

“이것이 당신 마을의 절입니다.”

그러자 노인은 감탄하며 반가워했다. 또 안내자는 어느 건물을 가리키며 말했다.

“이것은 당신 선조의 집입니다.”

그러자 노인은 눈물을 뚝뚝 흘렸다. 안내자는 작은 언덕을 가리키며 말했다.

“이것은 당신 조상의 묘입니다.”

노인은 참지 못하고 소리를 내어 울음을 터뜨렸다. 그때 길 안내자는 재미있다는 듯이 큰 소리 내어 웃으며 말했다.

“사실 지금까지는 모두 거짓말입니다. 이곳은 진 나라입니다.”

노인은 민망하여 어쩔 줄을 몰랐다.

연 나라에 도착한 노인은 자신의 진짜 마을과 절, 조상의 집과 묘를 보고도 전혀 감격하지 않았다.

한 노인이 황혼의 나이가 되어 고향을 찾아가는 도중 길 안내자의 속임수에 여러 번 넘어간다. 그래서 정작 고향으로 돌아왔을 때는 크게 반갑지도 감동을 받지도 못했다는 이야기이다.

고바야시 노부아키(小林信明)는 『열자』에서 '인간의 감정은 그 당시의 조건에 따라 다르기 때문에 객관적인 절대성은 없다'라고 했다. 즉, 우리가 처해 있는 현실은 허상에 지나지 않으며, 허상 앞에서 기뻐하기도 하고 슬퍼하기도 한다. 이러한 사고방식에서 한 걸음 더 나가면 예술론으로까지 발전한다.

길 안내자의 속임수에 노인은 가짜 집과 묘소 앞에서 감정에 복받쳐 눈물을 흘렸지만 진실을 알았을 때의 감격은 속았을 때보다 못했다. 이는 소설 속의 세계에 감동한 나머지 현실이 초라하게 보이는 현상과 다르지 않다. 진실 같은 거짓은 거짓이 진실 이상으로 보이게 한다.

장 콕토의 영화 『미녀와 야수』는 장 마레가 활을 쏘는 장면부터 시작한다. 이때 활 쏘는 소리는 채찍을 휘둘렀을 때의 소리를 녹음했다고 한다. 이 말은 『미녀와 야수─어느 영화의 일기』에서 장 콕토가 말했다.

"녹음해 놓은 활 소리는 진짜처럼 들리지 않는다. 언제나 그랬듯이 실제 소리는 거짓으로 들린다."

장 콕토는 또 '속임수는 진실을 부각시킨다. 사실은 진실을 평범하게 만든다'라고 했다. 위의 『열자』 이야기는 허구의 진실성, 즉 거짓의 효용에 대한 이야기이다.

사랑을 위하여

다음은 군주가 사랑 때문에 거짓말을 하여 나라를 잃게 되는 이야기이다. 『여씨춘추』 권23편 신행론(愼行論) 의사(議似)에 실려 있다.

사랑하는 여자를 기쁘게 해주는 방법

주의 수도는 풍(酆)과 호(鎬)이며 서방 이민족의 땅에서 가까운 곳에 있다. 제후는 이곳 큰 길에 성을 높이 쌓아 북을 설치하여 이민족이 침입하면 북을 울려 제후의 병사들이 모일 수 있게 했다. 이것은 천자를 구하기 위한 작전이며 약속이다.

어느 날 이민족이 침입하자 유왕이 북을 울렸다. 북소리를 들은 병사들이 일제히 한 자리로 모여들었다. 그 광경을 바라본 황후 포사(褒姒)는 아주 즐거워했다. 유왕은 포사를 기쁘게 해주고 싶었다. 그래서 이민족이 침입하지 않았는데도 여러 번 북을 울려 병사들을 모이게 했다.

그러던 어느 날 정말 이민족이 침입해 북을 울렸으나 아무리 북을 울려도 병사들은 모이지 않았다. 그리하여 유왕은 여산(驪山) 산기슭으로 끌려가 죽어 천하의 웃음거리가 되었다.

이 이야기는 진실과 똑같은 속임수는 사람의 판단을 흐리게 한다는 한 예다. 유왕은 자신이 사랑하는 황후를 기쁘게 해주고 싶었다. 그래서 이민족의 침입을 막기 위해 만들어놓은 약속을 남용하는데 정작 필요할 때 도움이 되지 않았다. 이 이야기는 앞서 인용한 귀신에게 속은 노인과 함께 『여씨춘추』에 실려 있다. 즉, 속임수에 조심하라는 뜻이다. 자주 속임수를 쓰는 사람은 신용을 잃는다는 교훈도 명심하자. 『이솝 우화집』에 다음과 같은 이야기가 있다.

양치기 소년은 양 떼를 몰면서 나타나지도 않은 늑대가 나타났다고 외쳤다. 이 소리를 듣고 몰려드는 마을 사람들의 모습이 우스워 또 거짓말을 한다. 두세 번은 마을 사람들도 급히 달려갔다. 그러다 정말로 늑대가 나타났을 때는 아무리 소리를 쳐도 그를 도와주는 사람이 하나도 없었다. 결국 양치기 소년은 양을 모두 잃었다. 거짓말쟁이가 얻은 교훈은 진실을 말했을 때 아무도 믿어주지 않는다는 점이다.

지금부터 거짓말을 해서는 안 된다는 도덕관을 무시하고 생각해 보자. 찰스·V·포드의 『거짓말쟁이―거짓과 자기 기만의 심리학』에서 거짓이 비도덕적으로 보이는 이유를 설명했다. 그것은 권력 구조의 체제를 유지하는 데 도움이 되기 때문이라고 실려 있다.

유왕은 사랑하는 여인을 기쁘게 해주기 위해 거짓말을 하여 파멸했다. 이것은 과연 어리석은 행동이었을까? 포사는 원래 포(주 나라의 국명)가 범한 죄를 속죄하기 위하여 유왕에게 보낸 여성이다. 유왕은 그녀를 사랑하여 이전의 황후 신씨를 내치고 포사를 황후 자리에 올렸다.

『사기(史記)』 권4편·주본기(周本紀) 4편에 용의 정기를 받아 태어났다는 포사의 기이한 전설이 있다. 그녀는 신비한 분위기를 풍겼으며 웃는 일도 없었다. 유왕은 무슨 수를 써서라도 그녀를 즐겁게 해주고 싶었다. 결국 그녀의 미소를 얻는 대신 나라와 목숨을 잃었다.

위정자는 법률을 가볍게 봐서는 안 되며 사람들에게 신뢰를 받아야 한다는 관점에서 보면 그의 행동은 경솔했다. 그러나 이러한 관점을 무시하고 본다면 위의 이야기는 한 여성을 사랑한 남자의 헌신적인 이야기이다. 즉, 남녀의 사랑 이야기로 볼 수 있다.

다자이 오사무(太宰治) 『가초지(お伽草紙)』의 '가치카치야마' 에 등장하는 너구리는 토끼가 만들어준 진흙 배를 타다 호수 속으로 가라앉으면서 '사랑이 죄인가?' 라는 말을 남기고 죽었다. 사랑하는 여자를 기쁘게 해주기 위해 거짓말을 하다 멸망한 유왕도 '사랑이 죄인가' 를 외치며 죽었을지도 모른다. 유왕의 거짓말은 사랑하는 이성을 위한 헌신적인 방법이었다. 포사를 위해 스스로 목숨을 바친 유왕은 사랑의 순교자라 해도 과언이 아니다.

음모의 기쁨

셰익스피어의 『마음에 드시는 대로』에 '세상은 모두 연기다'라는 대사가 나온다. 연기의 본질은 속임수로 관객을 속이는 것이다. 게임의 즐거움도 속임수가 있기 때문이다. 다음은 『한비자』 내저설하육미(內儲說下六微) 제31편에 속임수로 사람을 끌어들이는 이야기이다.

코가 마음에 안 든다

위 나라 왕이 초 나라 왕에게 미인을 선물로 보냈다. 초 나라 왕은 그녀를 매우 마음에 들어 했으며 아껴주었다. 왕이 새 여자를 사랑한다는 것을 눈치 챈 정수(鄭袖) 부인은 그녀에게 옷과 장식품을 주며 아껴주었다. 이를 흐뭇하게 생각한 왕은 부인에게 말했다.

"부인은 내가 다른 여자를 사랑한다는 것을 알면서도 그녀에게 너무 잘해주는구려. 마치 효자가 부모를 공경하고 충신이 임금을 떠받드는 것과도 같이……."

자신이 질투하고 있지 않다는 것을 왕이 알도록 한 부인은 미인에게 말했다.

"왕은 너를 매우 사랑하고 있다. 하지만 네 코가 마음에 들지 않는다고 하시는구나. 그러니 왕을 만날 때는 항상 코를 가리는 것이 좋겠다. 그러면 언제까지나 너를 사랑해 줄 테니 말이다."

미인은 곧바로 실행에 옮겨 왕을 만날 때마다 코를 가렸다.

왕은 부인에게 말했다.

"미인이 나를 만날 때마다 코를 가리는데 그 이유를 아는가?"

"잘 모르겠습니다."

그러나 왕이 부인을 보채며 묻자 대답했다.

"요즘 왕의 몸에서 나는 냄새가 싫어 그런다고 합니다."

왕은 화를 내며 말했다.

"그 여자의 코를 자르라."

부인은 미리 측근의 신하에게 왕이 어떠한 명령을 내리더라도 꼭 따르라고 말해 두었다. 미인의 코를 자르라는 왕의 명령이 떨어지자 미리 부탁을 받은 신하는 바로 미인의 코를 잘랐다.

이 이야기는 새로운 애인을 추방하기 위한 여자들의 다툼을 인용한 것으로 세 단락으로 나눌 수 있다.

첫 번째 단락은 초 나라 왕의 부인인 정수가 새 애인을 아껴준다는 내용으로 이것은 정수가 왕의 애인을 음모에 빠뜨리기 위한 1단계 작전이다. 상대방을 적대시하지 않고 같은 편이라는 인식을 심어주고 있다. 얼굴은 웃고 있지만 그 이면에는 상대방을 해치려는 음모가 숨어 있는 것이다.

두 번째 단락에서 정수는 왕의 애인에게 코를 가리도록 지시한다. 이것은 2단계 작전으로 정수가 파놓은 함정을 왕의 애인은 눈치 채지 못한다. 왕의 애인은 자신에게 항상 친절한 태도를 보여준 정수를 믿고 순진하게도 왕이 싫어한다는 자신의 코를 가렸다.

세 번째 단락에서 정수는 새 애인이 왕의 몸에서 나는 냄새를 싫어한다고 일러 왕을 화나게 한다. 그 결과 애인의 코를 자르는 데 성공한다. 이것은 3단계 작전으로 최후 마무리에 해당한다.

정수는 왕의 애인에게 잘해주는 척하면서 왕의 신뢰를 받아

왕의 마음을 움직이는 데 성공했다. 애인이 코를 가리는 이유를 처음에 물었을 때 잘 모르겠다고 대답했던 것도 능란한 심리 작전이다. 모른다고 하면 한층 더 듣고 싶어할 것이라는 왕의 심리도 계산해 두었던 것이다. 게다가 측근의 신하에게 왕의 어떠한 명령이라도 복종할 수 있도록 사전에 지시해 두었다. 정수의 작전은 용의주도하고 완벽했다.

왕의 새 애인을 함정에 빠뜨린 정수는 거짓말쟁이다. 그러나 이 이야기는 거짓말을 하는 사람은 나쁘다는 도덕률을 통쾌하게 날려 버렸다. 이 이야기를 읽은 사람은 누구나 정수에게 속은 왕의 애인을 동정하기보다 정수의 비상한 머리에 감동할 것이다. 정수가 속임수의 매력을 능란하게 이용했기 때문이다.

여기서 속임수는 예술의 영역까지 이르고 있다. 정수는 애인을 추방하는 각본을 스스로 만들고 연출가가 되어 왕의 애인에게 연기 지도를 한다. 게다가 배우가 되어 무대에 오르고 마지막에는 주역의 자리를 빼앗는다. 각본가, 연출가, 배우라는 일 인 삼 역을 하는 대활약이었다. 『마음에 드시는 대로』에 나오는 대사와 같이 '세상은 모두 연기다' 라는 말이 옳다면 정수는 정말로 세계를 정복한 것이다. 이 무대의 연제(演題)를 '음모의 기쁨' 이라고 짓자.

『한비자』에 지혜로운 군주가 되기 위해 위의 이야기와 비슷한 속임수를 이용한 예가 있다. 그중에서 같은 이야기를 소개한다.

무기가 좋아

비무극(費無極)은 초 나라 재상의 측근이었다. 완(宛)은 재상을 모시게 되었는데 재상은 그를 매우 총애했다. 무극은 재상에게 말했다.

"대신은 완을 매우 총애하시는데 어찌하여 완의 집에서 한 번도 술잔치를 하지 않으십니까?"

왕은 바로 무극을 시켜 완의 집에서 연회 도구를 준비하도록 지시했다. 무극은 완을 가르치며 말했다.

"재상은 매우 오만하며 무기를 좋아합니다. 재상에게 반드시 정중한 태도로 대하십시오. 먼저 무기를 객실에서 입구까지 늘어놓으십시오."

완은 무극의 말을 듣고 그대로 실행했다.

재상이 도착하여 이 광경을 보고 깜짝 놀라며 말했다.

"이게 어찌 된 일이냐!"

무극이 대답했다.

"위험합니다. 도망가십시오. 어떠한 일이 일어날지 모릅니다."

재상은 크게 화를 내며 군대를 출동시켜 완을 죽였다.

초 나라 재상의 측근인 비무극이 완이라는 새로운 측근을 함
정에 빠뜨린 이야기이다. 1단계 작전에서 비무극이 재상에게 완
의 집에서 술잔치를 할 것을 제안한다. 2단계 작전은 완에게 재
상이 무기를 좋아한다고 속여 연회장에 무기를 늘어놓도록 지시
한다. 결국 완은 무극의 함정에 휘말리고 만다. 마지막 3단계 작
전에서 비무극은 재상에게 목숨이 위태롭다고 거짓말을 하여 완
을 죽이는 데 성공한다.
비무극은 정수와 같은 작전을 이용하여 라이벌을 제거했다.
이러한 이야기에서 그들의 스릴 넘치는 음모의 전개는 독자들을
즐겁게 해준다.

위장 공작

추리 소설에서 범인이 피해자로 가장하는 경우가 있다. 다음 이야기는 『한비자』 간겁시신(姦劫弑臣) 제14편에 나오는 우화를 소개한다.

피해자가 범인

초 나라 장왕(莊王)의 아우 춘신군(春申君)에게 여(余)라는 애첩과 갑(甲)이라는 본처의 자식이 있었다. 여는 춘신군이 본처와 이혼하기를 원했다. 그래서 일부러 자신의 몸에 상처를 내고 울면서 춘신군에게 말했다.

"당신의 첩이 되어 매우 행복했습니다. 그러나 부인의 사랑을 받기 위해 당신을 모실 수 없습니다. 또 당신의 사랑을 받기 위해 부인을 모실 수도 없습니다. 저는 미련하고 어리석어 두 주인에게 사랑을 받을 수 있는 능력이 없습니다. 두 분의 사랑을 받지 못한다면 부인에게 죽느니 차라리 당신 앞에서 죽는 것이 좋을 것 같습니다. 만일 제가 죽은 뒤 당신에게 다른 애첩이 생긴다면 깊이 생각하여 사람들의 웃음거리가 되지 않도록 하십시오.”

춘신군은 여의 말만 믿고 본처와 이혼했다.

여는 또 갑을 죽여 자기가 낳은 자식이 상속자가 되게 하려고 했다. 그래서 이번에도 일부러 찢어놓은 속옷을 춘신군에게 보이며 말했다.

“저는 오랫동안 당신의 사랑을 받아왔습니다. 갑도 모르는 것은 아닙니다. 그런데 갑은 저를 겁탈하려고 했습니다. 갑에게 저항하다 제 옷을 찢기고 말았어요. 자식으로서 이보다 더 큰 불효는 없습니다.”

춘신군은 화가 나서 아들 갑을 죽였다. 이리하여 본처는 첩의 속임수 때문에 이혼당하고 자식은 목숨을 잃었다.

이 이야기의 전반에서는 춘신군의 첩이 본처에게 학대받은 것처럼 위장하여 본처를 이혼으로 몰고 갔다. 후반에서는 본처의 자식에게 겁탈당한 것처럼 위장하여 본처의 자식을 죽게 했다. 춘신군의 첩은 자신이 피해자인 것처럼 하여 본처의 자리를 차지했고 상속자까지 죽이는 데 성공했다.

속임수의 효용은 절대적이다. 이 이야기에서 우리는 첩의 위장 공작에 속은 춘신군을 동정할 수 있을까? 오로지 어리석은 인상만 안겨줄 뿐이다. 춘신군이 현명한 사람이었다면 첩이 호소했을 때 반드시 다른 쪽의 말도 들었을 것이다. 한 쪽 말만 믿은 춘신군의 행동은 경솔했다. 쉽게 첩의 속임수에 넘어간 사실을 보면 춘신군의 부부애, 부모 자식 간의 애정은 그다지 깊지 않았을 것이다. 만일 위장 공작이 발각되면 죽는 쪽은 첩이다. 죽음을 각오한 음모였다. 속임수를 무기로 본처의 지위를 빼앗은 춘신군 첩의 이야기는 난세의 성공 이야기라 할 수 있다.

춘신군의 첩은 상대방을 생각해 주는 척하면서 속였다. 사실 적(敵)인 셈이다. 적의 위장 공작에 넘어간 또 한 가지 이야기는 『한비자』 설난(說難) 12편에서 인용했다.

아군인 척

옛날에 정 나라의 무공(武公)이 호(胡) 나라를 토벌하기 위해

서 먼저 자신의 딸을 호군(胡君)에게 시집보내 상대방을 기쁘게
했다. 그리고 여러 신하들에게 물었다.

"나는 군대를 풀고자 한다. 어떤 나라에 쳐들어가면 좋을까?"

대부(大夫) 관기사(關其思)가 말했다.

"호 나라에 쳐들어가는 건 어떨까요?"

무공은 화를 내며 그를 죽이고 말했다.

"호 나라는 형제의 나라다. 그런데 너희들은 어찌하여 호를
치라 하는 것이냐?"

호군은 이 말을 듣고 정 나라가 자신의 편이라 확신하여 방비
하지 않았다. 그러나 정 나라는 호 나라를 습격하여 점령했다.

정 나라의 무공이 호 나라를 아군으로 생각하는 것처럼 보이
게 하여 결국 호 나라를 점령했다는 이야기이다. 무공은 호 나라
를 점령하기 위하여 우선 자신의 딸을 주어 적을 기쁘게 했다.
그 다음에 일부러 자신의 신하를 죽여 적을 방심시켰다.

두 가지 작전을 사용한 위장 공작의 최대 공로자는 무공에게
목숨을 빼앗긴 대부의 관기사다. 호 나라를 점령해야 한다는 의
견이 없었다면 무공의 작전은 성공하지 못했다. 따라서 호 나라
를 점령해야 한다고 한 말 때문에 죽은 관기사는 언뜻 어리석은

희생자처럼 보이지만 무공의 진의를 잘 파악하여 요구한 대답을 했다고도 볼 수 있다.

만일 그렇다면 관기사는 무공의 숨은 공범자가 된다. 아니, 오히려 이 음모를 제안한 사람이 관기사가 아니었을까? 그는 자신을 죽여 호 나라의 신용을 얻도록 무공에게 제안한 것은 아니었을까? 스스로 희생하여 죽음 대신에 이에 알맞은 보수를 요구했을지도 모른다. 만일 그렇다면 이는 무공과의 거래로 볼 수도 있다. 이 견해가 옳다면 관기사는 권모술수가 뛰어난 인물이다. 공범자는커녕 오히려 주역이라 할 수 있다.

오해 구조

지금까지 속임수에 관한 이야기를 살펴보았다. 마지막으로 공자 제자들의 연기를 살펴보자. 『여씨춘추』 권17편 심분남(審分覽) 임수(任數)에 나오는 이야기이다.

몰래 집어 먹다

공자는 진(陳) 나라와 제(齊) 나라 근처에서 궁핍한 생활을 했다. 명아주 국물도 못 먹고 7일간 쌀 한 톨도 먹지 못한 채 낮부터 자고 있었다. 안회(顔回)는 쌀을 구해 밥을 짓기 시작했다. 공자가 멀리서 보고 있자니 안회가 솥 안의 밥을 손가락으로 집어 먹고 있었다. 밥이 다 되어 안회는 공자에게 인사하고 식사를 권했다. 공자는 아무것도 보지 않은 척하고 일어서면서 말했다.

"방금 전에 죽은 아버지가 꿈에 나타나셨다. 청결한 식사를 올리고 싶구나."

안회는 대답했다.

"이 밥은 안 됩니다. 조금 전에 솥 안으로 검댕이가 들어갔습니다. 밥을 버려서는 안 되기 때문에 제가 손가락으로 집어 먹었습니다."

공자는 한숨을 내쉬며 말했다.

"눈으로 보아야 믿을 수 있는데 그 눈마저 믿을 수 없구나. 믿을 수 있는 것은 마음인데 그 마음마저 믿을 수 없구나. 제자들아, 기억해 두거라. 사람을 이해하기란 매우 어렵다."

원래 이해하는 것은 어렵지 않다. 사람을 이해하는 방법이 어렵다.

제자는 검댕이를 떼어내기 위해 솥 안으로 손을 집어넣었다. 그런데 공자는 이를 잘못 보고 제자를 오해한 이야기이다. 사람을 평가할 때 객관적인 자료가 있어야 하며 표면적인 현상만으로 판단하지 말라는 교훈이다. 그렇다면 이번에는 상상력을 조금 더 자극해 보자.

예를 들어 공자는 왜 깨끗한 식사를 바치고 싶어했을까? 그것은 안회가 밥을 몰래 집어 먹었다고 착각하여 제자를 비꼬는 말에 지나지 않는다. 공자는 '청결한 식사' 라는 말을 강조했을 것이다. 공자는 아무것도 보지 않은 척하며 거짓말을 한다. 만일 몰래 집어 먹었다고 생각되면 당당하게 제자를 야단쳐야 하며 그것이 착각이었다는 것이 밝혀지면 정직하게 사죄하면 될 것이다. 조금도 부끄러운 일이 아니다.

그런데 공자는 매우 번거로운 방법을 썼다. 예민한 안회는 공자가 한 말의 진의를 꿰뚫어 보았을 것이다. 동시에 의심을 한 공자를 불신했을지도 모른다. 그 후 안회와 공자 사이에 균열이 생겼다고 상상해 보는 것도 재미있을 것이다.

반대로 안회가 밥을 몰래 집어 먹고 나서 검댕이를 떼어낸 것으로 변명했다고 상상해 보자. 덕행이 뛰어나고 거짓말을 할 줄 모르는 안회라는 선입관은 버리고 생각하자. 나는 중국의 우언을 문학 작품으로 보고 있으며 사실 확인을 위해서 읽지 않는다. 그렇게 되면 속은 사람은 공자이며 안회는 사기꾼이 된다. 이 우화는 선인(善人)의 가면 뒤에 숨어 있는 인간의 악의를 지적해 내는 구조다. 일종의 심리전이다.

오무로 미키오(大室幹雄)는 『신편골계(新編滑稽)—고대중국의 이인(異人)들』에서 공자의 학단을 '연극 집단'으로 보고 다음과 같이 말했다.

"이 연극 집단에서 공자는 연기자와 구경꾼인 동시에 연출자이며 또한 흥행사(興行師)를 겸하고 있다."

위의 이야기를 공자가 이끄는 극단 지방 공연의 한 장면으로 생각해 보자. 공자는 안회에게 배우의 정신을 가르치고 있다. 안회가 몰래 집어 먹는 것을 보고 '청결한 식사를 올리고 싶다'고 한 것은 안회를 시험해 본 속임수다. 여기서 안회는 배우로서 그 진가를 보여준다. 순발력있는 대사로 공자의 가르침을 유도한다. 솥에 검댕이가 들어갔다는 뛰어난 대사. 이 무대에서 공자는 사람의 마음을 이해하기란 어렵다고 말한다. 안회는 배우로서 후한 점수를 받았을 것이다. 이것은 '오해의 구조'라는 제목으로 상연되었을지도 모른다.

3

친절함의
이면

진정한 친절함은 미덕에서 온다.

그러나 때로는 친절함이

잔혹한 결과를 초래하는 경우도 있다.

반대로 냉정해 보이는 행동이 애정 표현일 수도 있다.

이번에는 친절함의 단면을 살펴보자.

폭력에 대한 사고방식

폭력을 휘두르는 사람은 누구나 난폭하다. 세상에 도움이 되는 폭력은 없다. 전국 시대 사상가로 이기주의를 주장한 양주(楊朱)라는 사람이 있었다. 『맹자』 권13편 진심장구상(盡心章句上)에 따르면 그는 천하에 도움이 된다 해도 자신의 머리카락 한 올도 주지 않았다고 한다.

그러나 세상에는 양주와 같은 사람만 있지는 않다. 한 나라의 유향(劉向)이 저술한 『신서(新序)』 권1편 잡사(雜事) 제1편에 다음과 같은 이야기가 나온다. 『신서』는 도덕의 본보기가 되는 사람의 언행을 내용에 따라 분류한 책이다.

양두(兩頭)의 뱀

어린 시절 손숙오는 밖에서 놀다 머리가 두 개 달린 뱀을 발견했다. 그는 그 자리에서 뱀을 죽인 다음 땅에 묻었다. 집으로 돌아와 울고 있는 손숙오에게 어머니가 그 이유를 묻자 대답했다.

"머리 두 개 달린 뱀을 보면 죽는다고 들었습니다. 방금 전에 그 뱀을 보았어요. 어머니와 헤어져야 한다는 생각을 하니 걱정이 됩니다."

"그 뱀은 지금 어디 있느냐?"

"다른 사람이 보면 해로울 것 같아 죽여 땅에 묻었습니다."

"남 몰래 선행을 한 사람에게는 하늘이 복을 내려준다고 했다. 너는 죽지 않을 거야."

손숙오는 성장하여 초 나라의 재상이 되었다. 그리고 은퇴 후에도 모든 사람들의 신뢰를 받았다.

춘추 시대 초 나라 재상이었던 손숙오가 어린 시절에 머리가 두 개 달린 뱀을 죽여 세상 사람을 구했다는 이야기이다. 그는 뱀을 보았을 때 자신의 죽음을 각오했다. 그리고는 그 뱀이 다른 사람에게 나타날까 걱정하여 그 자리에서 뱀을 죽였다. 죽음이 바로 눈앞에 보이는데도 남을 배려할 줄 아는 마음이 있었다는 것은 어머니에게서 철저한 가정교육을 받았기 때문이다. 어머니의 말이 그것을 증명해 준다.

아무것도 배운 것이 없는 무식한 어머니였다면 아이를 끌어안고 울기만 했을지도 모른다. 그러나 손숙오의 어머니는 세간에 전해지는 교훈을 생각해 내어 아이를 격려해 주었다. 그녀는 평소 자녀 교육에 필요한 지식을 많이 알고 있었기 때문에 아이를 격려해 줄 수 있었다. 그러므로 이 이야기의 주인공은 순숙오의 어머니라 할 수 있다.

손숙오는 훌륭한 어머니가 있었기에 세상과 사람들을 위해 용기있는 행동을 할 수 있었다. 그러한 인물이 재상이 되어 국가의 신뢰를 얻을 수 있었던 것도 충분히 이해가 된다.

위의 이야기에서 손숙오가 뱀을 죽였다는 사실에 주목하자. 그는 살아 있는 것을 죽였다. 목숨을 빼앗는 것은 폭력이다. 그러나 손숙오가 휘두른 폭력의 이면에는 세상을 구하려는 기원과 남을 배려하는 따뜻한 마음이 숨어 있다. 어느 누구도 그를 폭력적인 사람이라고 생각하지 않는다.

손숙오는 사람들을 구하기 위해 최선을 다했기 때문에 목숨을 구했다. 그러나 사람들을 위해 온 힘을 다했지만 해를 입는 경우도 있다. 『여씨춘추』 권11편 중동기(仲冬紀) 지충(至忠)에서 두 가지 예를 소개하겠다. 모두 충성을 다했지만 결국 죽게 된 인물의 이야기이다.

왕의 대역

장 나라 장애왕(莊哀王)은 운몽(雲夢 : 소지(沼地)의 이름)에서 사냥을 하다 악마를 명중했다. 신공(新公) 자배(子培)가 왕을 협박하여 악마를 빼앗자 왕이 말했다.

"난폭하고 무례하구나."

관리에게 그를 죽이라고 명령했지만 좌우의 대부가 모두 나서서 이를 막았다.

"자배는 현자입니다. 게다가 든든하고 믿음직한 신하이기도 합니다. 이는 필시 무슨 이유가 있었을 것입니다. 다시 한 번 잘 생각해 보십시오."

그 후 3개월도 안 되어 자백은 병들어 죽었다.

초 나라는 양당(兩棠)에서 진나라와 싸워 크게 이겼다. 전쟁에서 공적을 올린 사람에게 포상을 주었는데 그때 자배의 동생이 왕에게 포상을 요구하며 말했다.

"사람은 전쟁을 통해서 공적을 올립니다. 제 형님 또한 공적을 올렸습니다."

"그게 무슨 소리냐?"

"제 형님은 난폭하고 무례하다는 이유로 왕에게 죽을죄를 범했습니다. 형님은 군주에게 충성을 바쳐 천 년 장수를 기원했습니다. 형님은 예전에 오래된 기록에서 '악마를 죽인 자는 3개월 이내에 죽는다' 라는 글을 보았습니다. 그래서 악마를 억지로 빼앗은 겁니다. 형님은 그때의 재앙으로 죽었습니다."

왕은 사람을 시켜 서고에서 조사하도록 했다. 오래된 기록을 살펴보니 정말로 그러한 글이 있었다. 그래서 그에게 많은 포상을 주었다.

신공 자배의 충성은 아름다운 행위라 할 수 있다. 아름다운 행위란 상대가 알아주지 않아도 계속 선행한다는 것을 의미한다. 이보다 더 고결한 행위는 없다.

이 글은 세 단락으로 나뉜다. 제1단계는 악마를 사냥한 장애왕은 자배에게 사냥감을 빼앗긴다. 여기에서 자배의 행위는 난폭하게 보인다. 제2단계는 자배가 난폭하게 보인 이유를 밝히는 부분이다. 자배가 죽은 뒤 그의 동생이 진실을 밝히는 형식이다. 제3단계는 자배를 칭송하는 말로 끝맺는다.

자배는 왕을 대신하여 죽었다. 그러나 생전에 그의 선행은 알려지지 않았다. 죽게 되었어도 변명하려 하지 않았다. 왕에게 사실을 말하지 않은 이유는 사람들에게 인정받기 위한 선행이 되기 때문이다. 그러한 행위는 선행으로 볼 수 없다고 자배는 생각했을 것이다. 그래서 아무 말 없이 죽었다.

그의 죽음은 악마의 재앙을 증명했다. 왕을 위해서 스스로 목숨을 바쳐 아무 말 없이 죽는 행위는 용기가 없으면 불가능하다.

한편 왕은 왜 자배의 행동에 대한 의문을 밝히려 하지 않았을까. 그는 대부의 충고도 귀담아들으려 하지 않았다. 이것은 그가 현명한 왕이 아니었기 때문이다.

최고의 충의는 상대방의 신의를 받기 어렵다. 현명한 군주가 아니면 어느 누가 귀담아듣겠는가. 그러므로 '현명한 군주가 기뻐하는 일을 어리석은 군주가 처벌하는 경우도 있다'고 했다. 장애왕은 귀찮은 일에는 귀를 기울이지 않았다. 그래서 난폭한 행위 이면에 숨어 있는 진실을 알 수 없었다. 동생이 진실을 밝혔기 때문에 자배의 명예는 사후에 회복되었다. 게다가 동생에게 많은 포상도 주었다. 이때 처음으로 자배의 용기있는 행동이 세상에 알려졌다.

치료의 대가(代價)

제 나라 왕이 타박상으로 괴로워했다. 송 나라로 사람을 보내어 의사 문지를 불러왔다. 문지는 왕의 상태를 진찰하고 태자에게 말했다.

"왕의 병은 반드시 나을 것입니다. 그런데 왕의 병이 낫게 되면 반드시 저를 죽일 것입니다."

"왜죠?"

"왕을 화나게 하지 않으면 병을 고칠 수 없습니다. 왕의 노여움을 사면 저는 아마 죽을 것입니다."

태자는 머리를 깊숙이 숙여 사정하며 말했다.

"만일 아버님의 병을 고치면 어머님과 함께 죽을 각오로 아버님을 설득하겠습니다. 그러면 아버님은 반드시 저희 뜻을 알아주실 것입니다. 그러니 걱정하지 마십시오."

태자와 약속을 하고 진찰을 하려 했으나 세 번이나 실행에 옮기지 않자 왕은 몹시 화가 났다. 문지는 신을 벗지 않은 채 침대 위로 올라 옷을 짓밟으며 왕의 상태를 물었다. 왕은 화가 나서 아무 대답도 하지 않았다. 문지는 또 욕설을 퍼부으며 더욱더 화나게 했다. 화가 머리끝까지 치솟자 왕의 병은 깨끗이 나았다.

왕은 몹시 불쾌하여 산 채로 문지를 불구덩이에 처넣으려고
했다. 태자와 황후가 급히 왕을 설득했으나 소용없었다. 예상했
던 대로 왕은 문지를 산 채로 뜨거운 가마솥에 넣기로 했다. 삼
일 밤낮으로 불을 지폈는데 문지의 얼굴 표정은 하나도 바뀌지
않았다. 문지는 왕에게 말했다.

"진정으로 저를 죽이려 하신다면 어찌하여 뚜껑을 닫아 음양
의 기를 끊지 않으십니까?"

왕은 곧 뚜껑을 닫았다. 그러자 문지는 죽고 말았다.

태평 시대에 충의가 되기는 쉽지만 어지러운 세상에 충의가
되기는 어렵다. 문지는 왕의 병을 고치면 자신이 죽는다는 사실
을 알았다. 그럼에도 불구하고 문지는 태자의 설득으로 왕의 병
을 고쳐 도의를 다했다.

이 이야기는 네 단락으로 나뉜다. 제1단계는 송 나라 문지가
제 나라 왕의 병을 치료하겠다고 태자와 약속한다. 그러나 왕을
화나게 해야 병을 고칠 수 있기 때문에 죽음을 각오해야 했다.
제2단계는 문지가 왕을 화나게 하여 병을 고친다. 약속을 깨고
난폭한 행동과 욕설을 퍼붓는 방법을 동원하여 왕을 화나게 했
다. 제3단계는 왕의 병을 낫게 한 문지가 왕에게 죽임을 당한다.

병은 나았지만 왕의 노여움은 풀리지 않았다. 제4단계는 문지를 칭송하는 이야기로 결말을 짓는다.

자신이 죽은 뒤 선행에 대한 보답을 받았다는 자배의 이야기와 대조적으로 문지는 자신의 선행에 대한 보답을 전혀 받지 못했다. 어리석은 군주가 충고에 귀를 기울이지 않았다는 점에서 동일하다. 제왕은 자신의 병이 나은 이유를 태자와 황후에게 들었지만 귀담아듣지 않았다. 어리석은 군자라는 표현밖에 어울리는 말이 없다.

제왕은 자신의 병을 고쳐 준 은인을 죽였다. 그렇다면 문지의 선행에 대한 대가는 정말로 없었을까? 문지는 태자와 한 약속을 지키고 죽었다. 그는 처음부터 대가를 바라지 않았다. 태자와의 약속을 지키는 일, 즉 제왕의 병을 고치는 것이 목적이었다. 위험한 치료의 대가로 스스로 목숨을 끊는 결과를 낳았지만 치료에 성공했기 때문에 대가를 받았다고 할 수 있다.

자배와 문지는 모두 군주를 구하기 위하여 일부러 폭력적인 행동을 했다. 원래 난폭한 사람이 아니라 남을 배려하는 마음이 선택한 행위였다. 그러나 두 사람 모두 어리석은 군주에게 희생된다. 위의 두 이야기에서 봉건주의 도덕의 기만함을 깨닫고 어리석은 사람을 위해서 죽는다는 것은 더욱더 어리석다는 견해도 있을 수 있다. 이 밖에 다양한 해석이 있지만 자신의 목숨을 던져 남을 위해 최선을 다하는 데는 대단한 용기가 필요하다.

남을 배려한 마음의 시비(是非)

『한비자』 십과(十過) 제10편에는 군주가 저지른 열 가지 실수를 담고 있다. '작은 충의는 큰 충의를 파괴한다', '작은 이익에 연연하다 보면 큰 이익을 잃는다' 등 열 가지 항목을 나열하여 그 실례를 들었다. '작은 충의는 큰 충의를 파괴한다' 는 내용에서 작은 충의에 대해 다음과 같은 예를 들고 있다.

전쟁터에서 술에 취한 장군

옛날 초 나라 공왕은 진 나라 여공(厲公)과 언릉(鄢陵)에서 전투를 했다. 초 나라는 패했고 공왕은 눈을 부상당했다. 한창 전쟁 중에 초 나라의 사마자반(司馬子反)은 목이 말라 물을 찾았다. 소성(小姓)의 곡양(穀陽)이 잔에 술을 따라 그에게 권했다. 자반은 곡양에게 말했다.

"치우시오. 그건 술이잖소."

"술이 아닙니다."

술이 아니라는 말을 듣고 자반은 잔을 받아 마셨다. 태어날 때부터 술을 좋아한 자반은 한 입에 모두 마시고 취했다. 그럭저럭 전쟁이 끝났다.

공왕은 다시 전쟁을 일으킬 생각으로 사마자반을 불렀다. 사바자반은 가슴에 통증이 있다는 이유로 사퇴했다. 공왕은 말을 타고 자반이 있는 진막으로 갔다. 진막 안으로 들어가자 술 냄새가 풍겨 되돌아왔다.

"오늘 싸움에서 나는 상처를 입었다. 의지할 사람은 사마뿐인데 그는 지금 술에 취해 있다. 이는 나라와 내 부하들을 소중히 여기지 않는다는 증거다. 나는 두 번 다시 싸울 생각이 없다."

왕은 군대를 철수했다. 그리고 사마자반을 잡아들여 사형에 처했다. 소성의 곡양이 술을 권한 것은 자반을 대적하기 위해서가 아니라 마음에서 우러나온 순수한 사랑으로 준 것이다. 그런데 그를 죽이는 결과를 초래했다. 그래서 '작은 충의는 큰 충의를 파괴한다' 고 한다.

전쟁터에서 소성이 술을 좋아하는 장군에게 술을 권하여 장군을 죽이게 했다는 이야기로 작은 친절이 원망이 되는 경우도 있다는 교훈을 준다. 소성의 곡양이 사마(군대의 장관)자반에게 술을 권한 것은 결코 악의가 있어서가 아니라 성의의 뜻을 나타낸 것이다. 그러나 그것은 전쟁 중에 규율을 흩뜨리는 행위다. 그러므로 작은 충의라고 부른다.

곡양은 술이 자반의 전투 능력을 빼앗는다는 사실까지 예상하지 못했을까? 또는 극히 나쁘게 해석한다면 자반에게 반감을 느끼던 곡양이 술로 자반을 함정에 빠지게 하려는 음모였을지도 모른다. 『한비자』식사(飾邪) 제19편에 '만일 작은 충의를 행하는 사람에게 법률을 맡긴다면 반드시 죄인을 용서해 줄 것이다. 죄인을 용서하고 상대방을 가엽게 여기는 것은 아랫사람과 한패가 되는 것이다. 이는 백성을 다스리는 데 방해가 된다' 라는 말이 있다. 법치주의 관점에 서 있는 한비자는 상벌을 다룰 때는 엄격히 해야 한다고 했다. 작은 충의는 상벌의 규율을 흩뜨린다. 이는 엄격한 상벌로 백성을 지배하는 데 방해가 된다. 다음은 전쟁터에서 있던 이야기를 한 가지 더 소개한다. 『한비자』외저설 좌상(外儲說左上) 제32편에서 인용했다.

전쟁터에서의 동정

송 나라의 양공(襄公)이 초 나라 군과 탁곡(涿谷) 부근에서 싸웠다. 송 나라 군은 이미 대열을 정돈하고 있었지만 초 나라 군은 아직 강을 건너지 않았다. 우사마(右司馬 : 군대의 장관) 구강(購强)은 재빨리 앞으로 나아가 말했다.

"초 나라 군의 수는 많은데 우리 군의 수는 적습니다. 그러니 초 나라 군의 절반가량이 강을 건넜을 때 그 틈을 타 공격하십시오. 반드시 무찌를 수 있을 것입니다."

"군자의 사전에 이런 말이 있다. '다친 사람에게는 더 이상 상처를 입히지 않는다. 백발 노인을 포로로 잡지 않는다. 사람을 위험한 상황으로 몰아넣지 않는다. 사람을 막다른 지경까지 몰아넣지 않는다. 대열을 정돈하지 않은 틈을 타 공격하지 않는다.' 아직 강을 건너지 못한 초 나라를 공격하는 것은 의(義)에 어긋난 행동이다. 초 나라 군이 모두 강을 건너 진형(陣形)을 갖춘 뒤 병사에게 북을 울리게 하여 진격할 것이다."

"주군은 우리 백성을 생각하지 않고 의만을 생각하고 계십니다."

"제자리로 돌아가라! 그렇지 않으면 형벌을 주겠노라."

우사마는 대열로 돌아갔다. 초 나라 군이 모두 대열을 정돈하고 진형을 갖추었다. 양공은 그제야 공격을 알리는 북을 울렸다. 송 나라 군은 크게 패했고 양공은 허리를 다쳐 삼 일 만에 죽었다.

군주가 스스로 인의를 지키려 하다 재난을 당했다는 이야기이다. 백성들이 자신의 명령에 따르기를 바란다면 군주가 먼저 실천해 보고 밭을 갈아 먹을 것을 만들고 전쟁터의 선두에 서 있어야 백성도 뒤늦게 군주의 뒤를 따라 밭을 갈고 전쟁에 임할 것이다. 그러면 군주는 매우 위험하며 신하는 반대로 안전하다.

송 나라 양공은 전투에서 초 나라 군대의 진형이 완전히 정돈될 때를 기다려 공격했기 때문에 결국 패했다는 이야기이다. 여기서 '송양(宋襄)의 인(仁)' 이라는 말이 생겨났다. 불필요한 동정이다. 전쟁의 목적은 적에게 이기는 것이다. 송 나라 군은 초 나라 군의 수보다 적었기 때문에 정정법(正政法)으로도 승리할 수 없었다. 따라서 적이 강을 건너는 틈을 타 공격하자는 구강의 전법은 매우 효과적이었다. 만일 구강이 전쟁을 지휘했다면 반드시 승리했을 것이다.

그럼에도 양공은 구강의 전법을 따르지 않았다. 게다가 그 이유로 의를 들었는데 이는 인간에게 매우 소중한 덕목이다. 그러나 전쟁터에서 평화 시대 논리는 통용되지 않는다. 그런데 그것을 진지하게 주장하니 이보다 우스꽝스러운 일이 있을까. 양공은 의를 지켜 아군을 잃는 모순을 깨닫지 못한다. 그 모순을 지적한 구강의 의견은 정론이라 할 수 있다. 구강이야말로 양공의 진정한 부하였다. 그러한 구강을 협박한 점에서도 양공의 어리석음이 드러난다.

양공이 현명한 군주였다면 정론을 말한 구강에게 포상을 주었을 것이다. 양공은 초 나라와의 전쟁에서 패배했을 뿐만 아니라 정론을 말한 부하에게 벌을 내리겠다는 실수까지 하였다. 즉, 이중 실수를 한 것이다. 양공은 나라를 다스리는 자리에 있기 때문에 전쟁터의 지휘는 구강에게 맡겨야 했다. 송 나라의 패배 원인은 양공이 자신의 처지를 잊고 있던 이유도 있다. 이 이야기는 우리에게 많은 교훈을 준다.

법의 엄격함

배려하는 마음이 원망을 사는 경우도 있다. 반대로 생각하면 경우에 따라 엄격한 태도가 필요하다는 뜻이다. 다음은 『한비자』 중에서 법의 엄격함을 이야기한 우화 몇 가지를 소개한다.

왕의 선잠

옛날 한 나라의 소후(昭侯)가 술에 취해 선잠을 자고 있었다. 왕관을 담당하는 관리는 주군이 추워 보이는 듯하여 옷을 덮어주었다. 왕은 잠에서 깨어나 기뻐하며 측근에게 물었다.

"누가 나에게 옷을 덮어주었느냐?"

"왕관을 담당하는 자입니다."

주군은 바로 의복 담당자와 왕관 담당자 모두에게 벌을 주었다. 의복 담당자에게 벌을 준 것은 일을 태만하게 했기 때문이다. 왕관 담당자에게 벌을 준 이유는 자신의 직분을 잊었기 때문이다. 추위를 좋아해서가 아니다. 다른 관사(官史)의 직분을 넘보는 해악은 추위보다 심하다고 생각했기 때문이다.

이 이야기는 타인의 직분을 침해하는 폐해에 대한 것이다. 싸늘하게 잠들어 있는 군주에게 옷을 덮어주는 것을 잊은 의복 담당에게 직무 태만으로 벌을 주는 것은 당연하다. 그러나 주군의 몸을 걱정하여 옷을 덮어준 왕관 담당자에게 벌을 준 것은 안타깝다.

법을 중요시하는 사회에서는 개인의 선의가 오히려 전체 질서를 어지럽히는 경우가 있다. 역할 분담이 정해져 있는 이상 남의 직분을 침해하는 행위는 반칙이다. 법을 집행하는 사람은 냉혹해야 한다. 법을 너무 엄격하게 적용하여 미움을 받는 경우가 생겨도 중립을 지켜야 한다. 만일 소후가 현대인이었다면 명재판관이 되었을 것이다.

재를 버리면 사형

은(殷) 나라에는 마을에 재를 버리는 자는 사형에 처한다는 법률이 있었다. 자공은 무거운 형벌이라 생각하여 중니(中尼: 공자의 자)에게 물으니 다음과 같이 대답했다.

"통치 방법을 잘 이해하고 있다. 마을에 재를 버리면 반드시 사람에게 뿌려질 것이다. 그렇다면 그 사람은 반드시 화를 낼 것이며 화를 내면 싸우게 된다. 이 싸움은 가족 싸움으로 번져 결국 서로 죽이고 죽게 될 것이다. 그러한 사람은 사형에 처해도 상관없다. 무거운 형벌은 사람들이 혐오한다. 재를 안 버리는 일은 사람이 간단하게 할 수 있으므로 이 일로 큰 피해를 막도록 한 것이다. 이것이 통치 방법이니라(내저설상칠술(內儲設上七術) 제30편)."

『한비자』는 군자가 신하를 다스리기 위해서 '죄인은 반드시 벌하여 위엄을 보여준다', '공적을 남긴 자에게는 반드시 상을 주어 능력을 발휘할 수 있도록 한다' 등 일곱 가지 방법을 사용해야 한다고 했다. 그중에 처벌을 예로 든 것이 이 이야기이다.

재를 버리면 사형에 처한다는 것은 매우 엄격한 형벌처럼 보인다. 재를 버림으로써 닥쳐올 참사를 연상 게임 보듯이 설명했

다. 재를 버린다, 지나가는 사람의 몸에 뿌려진다, 화를 낸다, 싸
운다, 온 가족이 서로 때리고 죽인다. 이러한 기발한 연상이 이
이야기의 생명이다. 규칙은 크고 작고를 떠나서 반드시 지켜야
한다. 사소한 규칙은 큰 사고를 당했을 때 안전으로 이어지기 때
문이다.

교통 위반 단속

초 나라 왕이 태자를 급히 불렀다. 초 나라에는 마차가 묘문(筇
門)까지 갈 수 없다는 법률이 있었다. 비가 내려 궁정(宮廷) 안에
물구덩이가 생겼다. 태자는 마차를 몰아 묘문까지 갔다. 형벌을
담당하는 관리인이 말했다.

"마차는 묘문까지 들어갈 수 없습니다. 법률 위반입니다."

"왕의 부르심을 받고 급히 오는 길인데 물구덩이 때문에 물이
빠지기만을 기다릴 수 없었소."

그러고는 달리던 마차를 다시 몰기 시작했다. 형벌을 담당하
는 관리인은 창을 날려 말을 쓰러뜨리고 마차를 부수었다. 태자
는 궁정으로 들어가 왕에게 울면서 말했다.

"궁정 안에 물구덩이가 많아 마차로 묘문까지 왔습니다. 그런
데 형벌을 담당하는 관리인이 법률 위반이라 하여 창으로 말을

쓰러뜨리고 제가 타고 있던 마차까지 부수었습니다. 그를 죽여 주십시오."

"나를 늙은 군주라고 업신여기지 않고 법대로 실천하였구나. 내 뒤를 이을 황태자의 말에도 동조하지 않았으니 현자로구나. 그는 나의 법을 잘 지켜준 부하다."

그리하여 관리인에게 작위(爵位) 2급을 올려주고 뒷문으로 태자를 내보내 또다시 과실을 범하지 않도록 했다(내저설우상(內儲設右上) 제34편.

교통 규칙을 위반한 태자를 엄중히 단속한 관리인의 이야기이다. 초 나라 태자는 비가 오는 날 마차를 묘문까지 타고 들어왔다. 진입 금지 규칙을 어긴 것이다. 급한 용무와 비가 내렸다는 것이 그 이유다.

그러나 관리인은 그 이유를 인정하지 않았고 태자라는 이유로 눈감아주지도 않았다. 권력에 아첨하지 않은 관리인의 의연한 태도는 훌륭하다. 그리고 그의 그러한 태도를 높이 평가하여 승진시킨 왕의 태도도 훌륭하다. 이야말로 왕자(王者)의 결단이라 할 수 있다.

태자는 자신이 왕의 친족이기 때문에 괜찮다고 생각했을 것이다. 왕은 그러한 규칙을 어긴 태자에게 제왕의 자세를 가르쳤다.

관리인은 태자의 마차를 부수었다. 과연 그렇게까지 할 필요가 있었을까? 너무 심하지 않았나? 그때 관리인은 머리 속으로 여러 상황을 생각하고 있었을 것이다. '목숨을 걸어라' 라고 생각하지 않았을까? 만일 왕이 사사로운 감정으로 태자를 두둔하는 어리석은 군주라면 사형은 면치 못한다. 또 승진의 길도 끊길 가능성이 있다.

반대로 왕이 현명한 군주라면 목숨을 걸고 법률을 지킨 훌륭한 신하라는 강렬한 인상을 줄 수 있다. 태자의 마차를 파괴한 것은 성공과 실패를 건 도박이었다. 그리고 그 도박은 당당히 성공했다. 이 이야기는 출세하려면 '목숨을 걸어라' 라는 가르침을 준다.

권력의 형태

권력으로 사람을 지배하고자 하는 것은 인간의 본능적인 욕망 중 하나일지도 모른다. 다카하시 가즈미(高橋和巳)는 『비폭력의 환상과 영광』 중에 '생각컨대 권력자는 자신이 스스로 반성하는 본보기를 보여주어야 한다'는 말이 있다. 반성할 줄 모르는 권력은 매우 변덕스럽고 언제나 악의(惡意)의 씨앗을 품고 있다. 권력자와 가까워지려면 세심한 주의가 필요하다. 『한비자』 설난(說難) 제12편에 다음과 같은 이야기가 있다.

변덕스러운 권력자

옛날 미자가(弥子瑕)라는 미소년이 위 나라 군주의 총애를 받고 있었다. 위 나라에는 무단으로 군주의 마차를 타는 자는 다리를 자른다는 법률이 있었다. 어느 날 밤, 어떤 사람이 미자가의 어머니가 아프다는 소식을 몰래 알리러 왔다. 미자가는 거짓말을 하여 군주의 마차를 타고 어머니에게 갔다. 군주는 이 일을 듣고 미자가에게 말했다.

"효자로구나. 어머니를 위해서 자신의 다리가 잘린다는 벌을 잊다니……."

며칠 후 미자가는 군주와 과수원에서 시간을 보내고 있었다. 미자가가 복숭아를 먹어보니 달고 맛이 있어 반을 남겨 군주에게 주었다. 군주는 말했다.

"나를 사랑하고 있구나. 맛있는 것을 나에게 주다니……."

후에 미자가는 용모와 총애가 시들해지자 군주에게 벌을 받았다. 군주는 말했다.

"이놈은 예전에 거짓말을 하고 내 마차를 탔다. 게다가 나에게 자신이 먹던 복숭아를 주었다."

이 이야기의 전반은 미자가가 군주의 총애를 받고 있었을 때는 법률을 어기거나 먹던 복숭아를 주어도 칭찬을 받았다는 내용이다. 후반은 일단 군주의 총애를 잃자 같은 행위가 비난으로 바뀌었다는 내용이다. 미자가의 행위는 처음과 다름없었다. 군주의 애중이 변하여 평가가 역전하는 결과가 나온 것이다.

『한비자』는 군주에게 의견을 말할 때는 자신의 처지를 잘 파악하여 군주의 노여움을 사지 않도록 주의해야 한다고 말한다. 친절하게 잘 대해준다고 하여 사람을 신용하는 일은 위험하다. 친절하게 잘 대해주는 이유가 없어지면 그 친절함은 곧 독의 씨앗으로 바뀐다. 역대의 역사를 보아도 권력자를 거역하는 사람보다 아첨하는 사람이 더 많았다. 제 나라 재상이 된 추기(鄒忌)는 어떠할까? 『전국책』 권8 제(齊)1편에서 인용했다.

음모가 가득

키가 8척 남짓한 추기는 용모가 매우 수려했다. 그는 조정에 출사할 때의 옷과 관을 갖추고는 거울을 보면서 아내에게 물었다.

"나와 성북(城北)의 서공(徐公) 중 누가 더 잘생겼소?"

"당신이 훨씬 잘생겼습니다. 어찌 서공과 비교하십니까?"

성북의 서공은 제 나라의 미남자다. 추기는 스스로 믿을 수 없어 이번에는 첩에게 물었다.

"나와 서공 중 누가 더 잘생겼는가?"

"서공과는 비교도 안 됩니다."

다음날 손님이 왔다. 함께 앉아 이야기하면서 손님에게도 질
문을 했다.

"나와 서공 중 누가 더 잘생겼습니까?"

"서공은 당신의 수려한 용모를 따를 수 없습니다."

어느 날 서공이 찾아왔다. 추기는 골똘히 그를 바라보며 자신
이 모자라다고 생각했다. 거울에 비친 자신의 얼굴을 보자 더욱
더 자신이 없어졌다. 밤이 되어 잠을 자면서 생각했다.

"집사람이 내가 더 잘생겼다고 한 것은 나를 호의적으로 보았
기 때문이고, 첩은 나를 어려워했기 때문이다. 그리고 손님은 나
에게 요구할 것이 있었기 때문이다."

이것은 추기와 서공 중 누가 더 미남인가를 비교한 이야기이
다. 전반에는 추기의 처, 첩, 그리고 손님이 모두 서공보다 추기
가 더 미남이라고 했다. 후반에 실제로 서공을 본 추기는 자신보
다 더 미남이라는 것을 알고 칭찬에는 여러 가지 이유가 있다는
것을 깨닫는다. 추기는 어지간한 바람둥이였을 것이다. 거울 속
에 비친 자신의 모습을 넋을 잃고 볼 정도면 자기애주의자라 할
수 있다.

이 이야기의 후속이 있다. 제 나라 선왕을 모시게 된 추기는 자신을 칭찬하는 말의 뒷면에 여러 가지 음모가 숨어 있다는 사실을 알고 왕에게 전했다. 권력자는 자신에게 유리한 의견만 듣는다면 눈을 감고 있는 것과 같으니 다양한 의견에 귀를 기울여야 한다. 왕은 추기의 말을 들은 다음부터 적극적으로 간언을 받아들였다. 그 결과 1년 후에는 더 이상 간언이 들어오지 않았고 제국의 평판도 좋아졌다.

권력이란 타인을 지배하고 복종시키는 힘이다. J·K·칼 브레이스 『권력의 해부―조건 이론』에 따르면 권력에는 위혁 권력(威嚇權力), 보상 권력(報償權力), 조건 권력(條件權力) 세 종류가 있다고 한다. 위혁 권력이란 처벌을 내리거나 위협하여 상대방을 복종시키는 권력이다. 보상 권력은 상대방이 기뻐할 만한 보상을 제시하여 복종시키는 권력이다. 이에 반해 조건 권력은 상대방의 신념을 바꾸는 일, 즉 설득과 교육으로 복종시키는 권력이다. 이때 복종 과정은 본인이 일부러 선택한 것처럼 보인다.

다음은 군인을 지휘하는 장군의 이야기이다. 『한비자』 내저설 좌상 제32편에서 인용했다.

군인의 고름을 빨아먹은 장군

오기(吳起)가 위 나라 장군이 되어 중산(中山)을 공격했다. 그 때 군인 중 악성 종기로 괴로워하는 사람이 있었다. 오기는 무릎을 꿇고 상처의 고름을 자신의 입으로 빨아주었다. 악성 종기로 괴로워하던 군인의 어머니는 곧바로 나와 울기 시작했다. 어떤 사람이 물었다.

"장군이 당신의 아들에게 이렇게까지 해주었는데 왜 우십니까?"

"오기가 이 아이의 아버지 상처를 빨아주었는데 전사했습니다. 지금 이 아이도 죽게 될 것입니다. 그래서 이렇게 울고 있는 것입니다."

위협한다고 모두 복종하는 것은 아니다. 오기가 군인에게 전쟁터에서 죽으라고 협박한 것도 아니다. 친절하게 상처의 고름을 빨아준 것뿐이다. 오기는 그것이 어떠한 효과가 있을지 알고 있었다. 상처의 고름을 빨아준 일, 즉 군인에게 은혜를 베푸는 행위는 전쟁터에서 죽는다는 조건 반사를 불러일으킨다. 군인의 죽음은 자발적 행위처럼 보인다. 그는 오기가 자신을 죽인다고 전혀 생각하지 않을 것이다.

　오기는 능숙하게 군인의 심리를 조작했다. 이것은 칼 브레이스가 말하는 조건 권력에 해당한다. 선의의 가면 이면에 기묘한 악의가 숨어 있다. 또한 권력의 두려움은 선의의 가면에 있다. 표면적으로 친절해 보이는 사람을 주의하자. 그 이면에 무언가를 감추었을지 모른다.

적이 많아질수록 강해진다

괴롭고 힘든 일은 바로 잊고자 하는 것이 인지상정이다. 그러나 누구나 쾌적한 환경을 원하지만 오히려 고통이 도움이 되는 경우도 있다. 『여씨춘추』 권25편 사순론(似順論) 사순에 다음과 같은 이야기가 나온다. 진 나라 귀족들의 세력 다툼을 배경으로 한다.

고통스러웠을 때의 일을 잊지 않는다

윤탁(尹鐸)이 진양(晉陽)을 통치했을 때 도시의 조간자(趙簡子)를 만났다. 그때 조간자는 말했다.

"가서 저 요새를 부수시오. 나는 진양에 가려고 한다. 저 요새

를 보는 것은 중행인(中行寅)과 범길사(范吉射)를 보는 것과 같
다."

윤탁은 진양에 가서 요새를 중축했다. 간자는 진양으로 가서
요새를 보고 화를 내며 말했다.

"이런, 윤탁이 나를 속였어."

그는 교외에 묵으면서 사람을 시켜 윤탁을 죽이려 했다. 이때
손명(孫明)이 나서서 간언했다.

"저는 윤탁을 칭찬해야 한다고 생각합니다. 윤탁은 전부터 이
런 말을 했습니다. '즐거운 것을 보면 사치스러워지고 슬픈 것
을 보면 잘못된 일을 올바로 고치게 된다. 그것이 마음의 원리
다. 지금 주군이 요새를 보면 고민과 괴로움을 생각할 것이다.
하물며 군신과 백성은 한층 더할 것이다. 하지만 국가와 주군에
게 도움이 된다면 죄를 되풀이하는 한이 있어도 나는 실행할 것
이다'. 명령에 복종하여 그 사람의 마음에 들게 하기란 모든 사
람이 할 수 있는 일입니다. 하물며 윤탁은 한층 더할 것입니다.
주군은 잘 생각해 보십시오."

"네가 말해 주지 않았으면 자칫 실수를 할 뻔했구나."

조간자는 재난을 면하게 한 손명에게 상을 주고 윤탁을 칭찬
했다.

이 이야기는 세 단락으로 나뉜다. 제1단계는 윤탁이 조간자의 명령을 따르지 않고 요새를 증축하여 노여움을 샀다는 내용이다. 제2단계에서는 윤탁이 그렇게 행동한 이유를 손명이 설명한다. 제3단계에서는 조간자가 손명의 설명을 듣고 자신의 생각이 잘못되었다는 것을 깨닫는다.

조간자는 진의 재상이 된 조앙(趙鞅)이다. 라이벌인 범씨와 중행씨가 조씨를 공격했을 때, 조간자는 진양(산서성(山西省) 태원시(太原市))으로 피신했다. 후에 승리는 했지만 그때의 패주는 고통스러운 체험이었다. 그래서 잊고 싶은 지난날의 일을 잊기 위하여 윤탁에게 요새를 철거하도록 명령한 것이다.

그러나 윤탁은 조간자의 명령에 복종하기는커녕 증축을 했는데 이것이 화근이 되어 조간자의 노여움을 샀다는 사실도 알고 있었다. 목숨을 잃을지도 모르는 위험한 상황이었다. 고생없는 생활은 파멸의 원인이 된다. 굴욕적인 경험을 잊지 않고 항상 기억한 것이 결국 조간자를 지킬 수 있었다고 윤탁은 생각했다. 그러므로 자신의 목숨을 살피지 않고 조간자의 명령에 따르지 않았다. 이것은 진정한 배려다. 처음에는 조간자도 화를 냈지만 손명의 간언을 듣고 태도를 바꾸었다.

보기에 옳은 일처럼 보이는 것이 옳지 않은 경우가 있다. 반대로 옳지 않은 것처럼 보이는 것이 옳은 경우도 있다. 진실을 밝히는 일은 어렵다. 잘못을 깨달았다면 태도를 고쳐야 한다. 이것은 현자만이 가능한 일이다.

위의 이야기에서 손명의 협조가 없었다면 조간자는 윤탁의 성의를 모르고 지나쳤을 것이다. 윤탁과 손명의 연대는 조간자를 설득하는 데 성공했다.

『맹자』 권12편 고자장구하(告子章句下)에 '안으로는 사람이 지켜야 할 도(道)를 구별할 줄 아는 가신(家臣 : 봉건 시대에 공경대부의 집에 딸려 그들을 섬기던 사람―역주)과 군주를 도와주는 현자가 없고, 밖으로는 적국과 외국으로부터 위협을 받지 않으면 나라는 망한다'라는 말이 있다. 고통과 위험한 일이 발생하면 그것을 극복하려는 의지가 생기기 때문에 살아남을 수 있다. 반대로 편안함만을 고집하면 방심하여 결국 죽게 된다. 윤탁의 의견은 이러한 맹자의 생각과 똑같다. 적이 많을수록 강해진다는 뜻이다.

『춘추좌씨전(春秋左氏傳)』 양공 제23편에도 위와 비슷한 내용이 적혀 있다. 맹손(孟孫)은 장손(臧孫)을 미워했으며 이손(李孫)은 장손을 사랑했다. 그런데 맹손이 죽었을 때 장손은 매우 슬퍼했다. 이는 언뜻 모순처럼 보인다. 자신을 미워하던 사람이 죽었는데 그렇게까지 슬퍼할 필요는 없었다고 생각된다. 그러나 장손의 슬픔은 보통이 아니었다. 장손은 그 이유를 다음과 같이 말했다.

"이손이 나를 사랑했던 것은 열병과 같다. 맹손이 나를 미워한 것은 약과 석침(石針)과 같다. 아름다운 열병은 보기 흉한 석침을 이길 수 없다. 그렇지만 그 석침은 나를 소생시킨다. 열병의 아름다움에는 독이 점점 퍼져 간다. 맹자는 죽었다. 나도 곧 죽을 것이다."

장손은 자신을 지킬 수 있던 것은 맹손의 미움을 받았기 때문이라고 했다. 미움이 자신을 소생시킨다면 적은 사랑해야 할 존재로 바뀐다. 평화로운 환경은 오히려 사람을 나약하게 만든다.

성실함의 비극

온 정성을 다해도 모든 것을 이해받을 수는 없다. 오해받는 경우도 있고 그 때문에 더 가혹한 일을 당할 수도 있다. 이번 이야기는 『전국책』 권29편 연일(燕一)에 있는 것으로 유설가(遊說家) 소진(蘇秦)이 연(燕) 나라 왕에게 정성을 다하고도 벌을 받았다는 이야기이다.

첩의 진심

원방에 관사(官使)가 된 사람이 있었는데 그의 처가 내통을 했다. 남편이 집으로 돌아올 때쯤 내통한 상대가 걱정을 하자 그녀가 말했다.

"당신은 걱정 안 하셔도 됩니다. 저는 독약이 든 술을 미리 준비하고 기다릴 것입니다."

이틀 후 남편이 돌아오자 아내는 첩에게 술잔을 권하도록 시켰다. 첩은 술잔에 독이 들어 있다는 사실을 알고 있었다. 술을 권하면 주인을 죽이는 것이 되고, 사실을 말하면 주부(主婦 : 본처)는 쫓겨날 것이다. 그래서 일부러 넘어져 술을 엎질렀다. 매우 화가 난 주인은 첩에게 채찍질을 했다. 첩은 또다시 넘어져 술을 엎질러 주인의 생명을 구했을 뿐만 아니라 본처의 입장도 지켜주었다. 이렇게 온 정성을 다했지만 채찍질을 당하는 일은 막지 못했다.

본처가 내통한 비밀을 지켜주고 주인의 독살 계획을 방지하기 위해 온 힘을 다한 첩의 이야기이다. 첩은 본처의 명령을 받아 주인에게 독이 든 술을 권하게 되었다. 명령을 거역할 수 없었다. 그러나 명령을 따르면 사람의 목숨을 빼앗게 된다. 이를 어찌하면 좋을까? 첩은 독살을 방지하기 위해 일부러 넘어져 술을 엎는다. 즉, 연기를 한 것이다.

이 연기에는 본처와 주인 모두를 돕고 싶은 첩의 진심이 깃들어 있다. 게다가 넘어진 이유를 절대로 눈치 채지 못하게 했다.

만일 눈치 챘다면 주인에게는 독이 든 술이라는 의심을 받을 것
이고 본처는 독살 계획이 밝혀진 이유를 추궁할 것이다. 그렇게
되면 첩의 처지는 더욱 심각해진다.

다행히 연기는 성공했다. 그 대신 첩은 채찍질을 당해 상처투
성이가 되었다. 성공의 대가는 너무 가혹했다. 첩은 분명히 마음
이 착한 사람이었을 것이다. 그녀는 대가도 없이 피해자가 되었
다. 그야말로 남을 배려하는 마음이 가져다 준 비극이다.

왕을 위해 온 정성을 다한 소진(蘇秦)의 진심을 왕에게 참언
하는 사람이 있었다. 이번에는 자신의 진심을 증명하기 위해 인
용한 이야기이다. 겉으로 드러난 것만 보고 선악을 판단해서는
안 된다는 교훈을 말해 준다. 『한비자』 화씨(和氏) 제13편에 있
는 이야기로 올바른 사람이 재난을 당한 예다.

진실을 호소하다

초 나라 사람 화씨는 산속에서 진귀한 옥을 구해 려왕(厲王)
에게 바쳤다. 려왕은 세공사에게 감정을 의뢰했는데 돌이라는
감정이 나왔다. 왕은 화씨가 자신을 속인 것으로 여겨 그의 왼쪽
발을 잘랐다.

려왕이 죽고 무왕(武王)이 즉위하자 화씨는 또 진귀한 옥을

무왕에게 바쳤다. 무왕이 세공사에게 감정을 의뢰하니 이번에도
역시 돌이라고 했다. 왕은 화씨가 자신을 속였다고 여겨 그의 오
른쪽 발을 잘랐다.

무왕이 죽고 문왕(文王)이 즉위했다. 화씨는 옥을 안고 초산(楚
山)의 산기슭에서 삼 일 밤낮을 소리 높여 울었다. 눈물은 마를
대로 말라 피눈물이 되었다. 이 소식을 들은 왕은 그에게 이유를
물었다.

"발목을 잘리는 형을 받은 사람이 이 세상에 오직 너뿐이더
냐. 너는 왜 그리도 슬프게 소리 높여 우느냐?"

"저는 발목이 잘려서 슬피 우는 것이 아닙니다. 진귀한 옥을
돌로 보고 정직한 사람을 거짓말쟁이 취급하는 것이 억울해서
그렇습니다."

화씨의 말을 들은 왕이 옥을 닦아 세공사에게 보이자 세상에
둘도 없는 보옥(宝玉)이라는 것이 드러났다. 그리하여 '화씨의
벽(璧)' 이라고 이름을 붙였다.

초 나라 화씨가 산속에서 발견한 옥을 려왕과 무왕에게 바쳤
을 때 가짜라는 감정을 받아 왼쪽 발과 오른쪽 발을 잃었지만 문
왕에게 바치면서 진품이라는 것이 밝혀졌다. 진실을 밝히기란

매우 어렵다는 이야기이다.

법률과 상벌을 정치의 기본으로 한 한비자의 주장이 군주에게 채용되지 않은 것을 보옥에 비유했다. 세상에는 재능이 있지만 인정받지 못한 사람이 많다. 한비자도 그중 한 사람이었다. 자신의 정당함을 인정받기란 쉬운 일이 아니다.

화씨는 옥을 발굴했지만 려왕과 무왕에게 가짜라는 의심을 받고 양쪽 발을 잃는다. 결국 문왕이 화씨의 정직함을 증명한다. 이때 화씨는 묘한 작전을 폈다. 삼 일 밤낮을 산속에서 소리 높여 울었다. 문왕의 관심을 끌기 위한 연기였다는 사실을 잊어서는 안 된다.

화씨는 두 번 실패한 경험을 결코 헛되게 하고 싶지 않았다. 장해를 무기로 하여 우는 연기로 주목을 받아 자신의 정의를 증명하는 데 성공했다. 대단한 집념이다. 절단된 양쪽 발은 자신의 결백함을 알리기 위한 가혹한 대가이기도 하다.

화씨는 자신을 비극의 주인공으로 치켜세워 목적을 달성했다. 일류 배우라고 해도 과언이 아니다. 이렇듯 자신의 정당함을 인정받기 위해서는 눈물겨운 노력이 필요하다.

4

언어의
마슬

언어에는 불가사의한 힘이 있다.

사람을 살리는 힘이 있는가 하면 죽이는 힘도 있다.

말 한마디로 세계가 바뀐다.

마치 마법과 같다.

지금부터 언어 마술사들의 활약을 살펴보자.

말은 사용하는 방법에 따라 표면적인 뜻과 전혀 반대로 쓰일 때가 있다. 그 예로 춘추 시대 제 나라의 재상 안자(晏子)가 '죄'라는 말을 기묘하게 사용하여 군주를 설득하는 데 성공했다는 이야기를 소개한다. 한 나라의 유향(劉向)이 저술한 『설원(說苑)』은 정치와 인생의 본보기가 되는 옛 선인들의 언행을 내용에 따라 분류한 서적이다.

사육사를 죽인다면

경공(景公)에게는 애마가 있었는데 사육사가 그 말을 그만 죽이고 말았다. 이에 경공이 몹시 화가 나 창을 들어 사육사를 죽이려 하자 안자가 말했다.

"사육사는 자신의 죄도 모르고 죽게 될 것입니다. 하여 지은 죄를 하나하나 따져 보고 자신의 죄를 이해시킨 후에 죽이는 것이 좋을 것 같습니다."

"그래, 그렇게 하자."

안자는 창을 들어 남자의 눈앞에서 말했다.

"너는 주군의 말을 죽이고 말았으니 네 죄는 사형감이다. 그리고 너는 군주로 하여금 사육사를 죽이게 하니 이 또한 사형감이다. 너는 군주에게 사육사를 죽이게 하고 그 소문이 사방의 제후에게 퍼지게 하니 네 죄는 마땅히 사형감이다."

이 말을 들은 경공이 말했다.

"그 남자를 용서해 주시오. 선생, 그 남자를 용서해 주시오. 나는 내 인덕(仁德)에 흠을 내고 싶지 않소."

경공이 사육사를 죽이려 하자 안자는 이를 막기 위해 기이한 방법으로 왕에게 간언한다. 안자는 경공의 죄를 지적하지 않고 사육사를 비난한다. 그중에 '죄' 라는 말을 세 번 사용한다. 먼저 사육사가 주군의 말을 죽인 죄다. 이 경우 말 그대로 사육사의 책임을 추궁하고 이 말을 들은 경공도 그대로 수긍한다. 다음으로 사육사를 주군이 죽이게 했다는 죄다. 이 말을 들은 경공은 허를 찔린 느낌이었을 것이다. 여기서 '죄'라는 말은 사육사에게 하는 말이 아니다. 안자는 경공에게 '말과 사람의 목숨 중 어느 쪽이 더 소중한가를 잘 생각해 보라'고 말하고 있는 것이다.

만일 말을 위해서 사육사를 죽이면 인명경시(人命輕視) 죄가 된다고 경공에게 넌지시 간언한다. 더욱이 주군이 말 때문에 살인을 했다는 소문이 사방으로 퍼지게 한 것도 죄라고 했다. 여기까지 듣고 있던 경공은 자신의 실수를 확실하게 깨닫는다. 말을 위해서 사람을 죽였다는 불명예스러운 평판이 소문나면 국가의 위신이 손상된다. 그것은 사육사의 죄가 아니라 군주가 스스로 불러들인 죄가 된다.

안자는 '죄'라는 말로 표면적으로는 사육사를 비난하고 있지만 실제로는 경공을 비난하고 있다. 결국 경공이 죄인이 된다. 사육사에게 책임이 있다고 말하지만 어느새 경공의 잘못으로 뒤바뀌는 것이다.

경공은 현명한 군주였기 때문에 안자의 간언 방법을 이해하고 자신의 죄를 인정했다. 만일 안자의 간언에 화를 냈다 해도 안자는 표면적으로는 경공을 전혀 비난하고 있지 않기 때문에 어쩔 도리가 없다. 정말로 기묘한 언어의 마술이다. 단, 경공이 어리석은 군주였다면 이 방법은 통용되지 않았을 것이고 안자의 말을 듣고도 군주는 사육사를 죽이고 말았을 것이다. 어떠한 설득 방법이든 그 말을 이해할 수 있는 사람을 만나지 못하면 효과는 없다.

'죄' 라는 말로 견해를 뒤바꾸어 놓은 이야기를 또 한 가지 소개한다. 『한비자』 내저설하육미(內儲說下六微) 제31편에 있는 내용이다.

요리사의 변명

진 나라 문공(文公) 시대의 이야기이다. 요리사가 문공에게 불고기 요리를 바쳤는데 머리카락이 음식 안에 빠져 있었다. 문공은 요리사를 불러 나무랐다.

"너는 내 목구멍을 막아놓을 셈이냐. 어찌하여 머리카락을 음식에 빠뜨렸느냐."

요리사는 머리를 땅바닥에 대고 두 번 절을 한 다음 애원했다.

"저는 세 번 죽을죄를 지었습니다. 숫돌에 칼을 갈아 간장(干將 : 명검의 이름)과 같이 날카롭게 했습니다. 고기는 잘 잘라졌는데 머리카락은 잘리지 않았습니다. 이것이 칼을 제대로 갈지 못한 첫 번째 죄입니다. 그리고 꼬치에 고기를 꿰었는데 머리카락은 꼬치로 뚫은 구멍 안으로 들어가지 않았습니다. 이것이 두 번째 죄입니다. 불고기는 잘 구어졌습니다만 머리카락은 구어지지 않았습니다. 이것이 세 번째 죄입니다. 부하 중에 저를 미워하는 자가 있지 않을까요?"

문공이 고개를 끄덕이고 부하를 불러 추궁했더니 예상대로였다. 그래서 그 부하를 죽였다.

진 나라의 문공은 요리 안에 머리카락이 떨어져 있는 것을 발견한다. 이것은 요리사를 함정에 빠뜨리기 위한 음모였다. 문공에게 추궁당하는 요리사의 변명에 주목해 보자.

요리사는 자신이 무죄라고 말할 수도 있었다. 그러나 그렇게 하지 않았다. 반대로 죽을죄를 지었다고 말하며 세 가지 죄를 나열한다. 그 죄의 내용이 매우 재미있다.

요리사는 정성 들여 칼을 갈아 꼬치로 고기를 꿰고 숯불에 잘 구웠다고 말하며 요리에 임한 자신의 신중한 태도를 설명한다. 즉, 요리를 하는 과정에서 머리카락이 떨어지는 일은 있을 수 없다고 넌지시 자신의 정당함을 주장한 것이다. 이러한 과정은 죄가 되지 않는다.

어떤 사건이 일어났을 때 동기에서 범인의 인상착의까지 탐색

하는 것은 사건 해결의 원칙이다. 요리사가 세 가지 죄를 나열했을 때 요리사에게 나쁜 마음을 품고 있는 자가 머리카락을 넣었을 것이라고 문공도 알았을 것이다. 자신의 죄라고 말하면서 어느새 다른 사람의 죄로 둔갑시키는 능란한 언변으로 요리사는 자신의 무죄를 입증할 수 있었다.

사람을 설득하기란 어렵다. 상대방의 잘못을 직접 그 사람에게 말하면 자존심을 상하게 하여 인간관계에 금이 갈 수 있다. 그러한 경우 상대방의 실수를 직접적으로 지적하지 말고 간접적인 방법으로 상대방의 생각이 흔들리게 하여 자신의 실수를 반성할 수 있도록 하는 것이 좋다.

설득 기법

설득은 말로 하는 게임이다. 게임에서 승리하려면 임기응변의 술수가 필요하고 경우에 따라서는 모험도 감행해야 한다. 다음은 『전국책』 권8 제1편에 있는 이야기이다.

세 마디 말

정곽군(靖郭君)이 설(薛)에 성벽을 쌓으려 하자 많은 사람들이 반대했다. 정곽군은 사람들의 간언을 금했다.

그러나 제 나라 나그네가 간언을 청하며 나타났다.

"저는 딱 세 마디만 하겠습니다. 한마디라도 초과하면 저를 죽이십시오."

나그네는 종종걸음으로 나서며 말했다.

"해대어(海大魚)."

세 마디만 외치고 나서 바로 도망치려 하자 정곽군이 말했다.

"나그네, 이곳에 머무시지요."

"저는 놀기 위해 목숨을 버릴 생각은 없습니다."

"죽이지 않을 테니 더 말씀해 보시오."

"주군은 대어(大魚)에 대해 들어본 적이 있습니까? 그물로도 잡을 수 없고 낚시로도 낚을 수 없습니다. 그런데 일단 물에서 멀어지면 땅강아지나 개미도 쉽게 대어를 잡을 수 있지요. 지금 제 나라는 주군의 물입니다. 주군은 계속 제 나라의 비호를 받는 것이 좋을 것입니다. 어찌하여 설에 성벽을 쌓으려 하십니까? 만일 제 나라를 잃는다면 아무리 높은 성벽이라도 소용없습니다."

정곽군은 말했다.

"당신 말이 옳습니다."

그래서 설에 성벽을 높이 쌓는 일을 중지했다.

정곽군은 제 나라 위왕의 아들 전영(田嬰)이다. 설(산동성(山東省) 등주시(藤州市))에 영지를 받아 그곳에 성벽을 쌓으려 했는데 이를 못마땅하게 여긴 나그네가 간언을 했다는 이야기이다. 정곽군이 사람들의 간언을 금지하자 어떤 나그네가 나타나 정곽군의 관심을 끌 만한 말을 늘어놓는다. 제 나라를 바다로 비유하고 정곽군을 대어로 비유했다. 그리고 자신의 영지(領地)에 성벽을 쌓으면 위험한 결과를 초래할 수 있다고 충고한다. 물고기와 바다는 부분과 전체의 관계다. 결국 정곽군은 나그네의 간언을 받아들인다.

간언에 귀를 기울이려 하지 않은 정곽군의 마음을 되돌린 방법이 흥미롭다. 정곽군은 간언을 금지했으나 한 나그네가 나타나 세 마디만 하겠다고 하며 한마디라도 더하면 죽여도 좋다고 한다. 그의 제의는 정곽군의 마음을 움직였다.

나그네는 '해대어' 라는 세 마디를 외치고 곧바로 그 자리에서 도망치려 한다. 물론 도망쳐야 붙잡힐 것이라는 뻔한 계산으로 한 행동이다. 설득하는 사람의 심리를 잘 파악하고 있는 것이다.

나그네는 붙잡혔지만 사형당할지도 모른다는 생각에 아무 말 없이 정곽군을 초조하게 만든다. 이것도 작전의 하나다. 작전은 보기 좋게 성공했다. 정곽군이 '죽이지 않을 테니 더 말씀해 보시오' 라고 했을 때 이미 게임의 승자는 결정났다.

나그네가 세 마디를 넘기면 사형해도 좋다는 제약을 만드는데 그 제약을 정곽군 자신이 스스로 어겼다는 사실이 재미있다. 말을 못하겠다고 하면 호기심을 자극하여 반대로 더 듣고 싶어진다. 나그네는 그러한 호기심을 능란하게 이용했다. 어쩌면 다른 사람들도 이와 같은 비유를 이용해 정곽군을 설득할 수 있었을 것이다. 그러나 정곽군의 관심을 끈 기기한 방법은 어느 누구도 흉내를 내지 못했다.

나그네가 취한 태도는 연기 그 자체다. 그의 뛰어난 연기는 충분히 표창할 만하다. 『한비자』 설림상 제22편에서 다른 연기를 살펴보자.

불사약(不死藥)

초 나라 왕에게 불사약을 헌상한 사람이 있었다. 중개인이 그 약을 가지고 안으로 들어가자 측근의 부하가 물었다.

"먹을 수 있는가?"

"먹을 수 있소."

그 부하는 먹을 수 있다는 말을 듣고 그 약을 빼앗아 먹었다.

그 말을 들은 왕은 매우 화가 나 신하에게 측근의 부하를 죽이도록 명령했다. 측근의 부하는 사람을 통해서 왕에게 변명했다.

"제가 중개인에게 물었을 때 먹을 수 있다고 하여 먹은 것입니다. 이는 저의 죄가 아니라 중개인의 죄입니다. 게다가 불사약을 먹은 저를 죽인다면 이 약은 죽음의 약이 됩니다. 결국 불사약을 헌상한 나그네는 왕을 속인 셈이지요. 죄없는 저를 죽여 왕이 나그네에게 속았다는 사실을 공표하는 것보다 저를 용서하시는 것이 좋을 것입니다.”

이 말을 듣고 왕은 그를 죽이지 않았다.

초 나라 왕에게 바치는 불사약을 먹고 죽게 된 측근의 부하가 능숙한 말솜씨로 목숨을 구할 수 있었다는 이야기이다. 이 이야기에서는 ‘먹을 수 있는가? 라는 질문이 사건의 발단이다. 원문에는 ‘가식평(可食平 : 먹어야 하는가)이라고 써 있다. ‘가(可)’라는 말에는 가능과 허가의 뜻이 있다. 즉, ‘먹을 수 있는가’ 라는 질문은 ‘먹는 것이 가능한가(가능)’ 와 ‘먹어도 되는가(허가)’ 의 두 가지 뜻으로 해석된다.

측근의 부하는 허가의 뜻으로 질문한 것을 중개인이 가능하다는 뜻으로 오해하고 대답했다. 여기서 혼란을 초래한 결과를 낳았다. 그래도 자신의 무죄를 주장한 변론은 매우 훌륭했다. ‘먹을 수 있다’ 는 모호한 말과 불사약을 먹은 사람이 죽는다는 모순을 잘 이용하여 자신을 죽이면 왕의 체면이 깎인다고 협박까지 한다

말을 잘못 알아들어 발생한 위험을 능숙한 말솜씨로 헤쳐 나

갔다는 이야기이다. 그의 빠른 머리 회전은 칭찬할 만하다.

그렇다면 정말로 그랬을까? 측근의 부하는 일부러 잘못 알아들은 것처럼 하지 않았을까. 이는 자신이 자신을 위험에 빠뜨리는 연극이다. 어떠한 방법으로 위험에서 벗어날 것인가. 이것이 이 이야기의 요점이다. 닫힌 트렁크에서 탈출하는 마술과 똑같다. 탈출은 훌륭하게 성공했다. 이때 초 나라 왕은 측근 부하의 재능을 높이 평가했을 것이다.

오무로 미키오(大室幹雄)의 『정명(正名)과 광언(狂言)―고대 중국 지식인의 언어 세계』에 담긴 「시장 언어와 공백 언어―언어를 둘러싼 유가(儒家)와 도가(道家)의 자기 인식」에 따르면 고대 중국의 언어는 시장에서 거래되는 상품과 같이 교환 가치가 있었다. 왕에게 바친 불사약을 먹고 곤궁에 빠지자 교묘한 말재주로 왕을 설득했다. 왕은 꼼짝없이 말재주에 넘어갔다. 교묘한 말재주는 충분히 상품 가치가 있었다. 왕은 그것을 사고 대가를 지불했을 것이다. 만일 그 대가로 대신으로 등급 되었다면 그것은 상업 거래의 결과라고 볼 수 있다.

탈출 게임

자신을 일부러 위험에 빠뜨려 언어의 마술로 멋지게 탈출한다. 그러한 재능의 소유자를 소개한다. 『한비자』 설림상 제22편에서 인용했다.

노래 문구에 있지 않은가?

온(溫) 나라 사람이 주(周) 나라에 갔다. 주 나라에서는 다른 나라 사람을 받아들이지 않기에 그에게 물었다.

"다른 나라 사람인가?"

"이 나라 사람입니다."

그러나 마을 사람에게 물어봐도 아는 사람이 없어 그를 체포

했다. 군주는 사람을 파견하여 질문했다.

"당신은 주 나라 사람이 아니다. 그런데 왜 스스로 이 나라 사람이라고 말했는가?"

"저는 젊었을 때 『시경(詩經)』을 낭창(朗唱)했습니다. 그중에 '넓은 하늘 아래 왕의 토지가 아닌 곳이 없다. 대지 끝까지 왕의 부하 아닌 것이 없다' 라고 했습니다. 지금 군주가 천자라면 저는 천자의 부하입니다. 인군(人君)의 부하인데 어찌 다른 나라 사람이라고 할 수 있겠습니까? 그래서 이 땅에 사는 사람이라고 말한 것입니다."

군주는 그를 석방시켰다.

다른 나라 사람을 받아들이지 않는 주 나라(당시 도(都)는 지금의 하남성(河南省) 낙양시(洛陽市))에 붙잡혔다가 『시경』의 한 소절을 읊어 탈출에 성공한 남자의 이야기이다. 온 나라는 지금의 하남성 온현이며 전국 시대에는 위 나라에 속해 있었다. 『시경』은 주(周) 왕조(王朝) 시대에 편집된 중국 최고(最古)의 시집이다. 위의 이야기는 소아(小雅 : 귀족의 연회장에서 불리는 노래를 수집한 것)에 담긴 「북산(北山)」이란 시 중의 일 절 부분이다. 이 이야기의 전반에서는 온 나라 사람이 주 나라에 가서 자신은 다른 나라 사람이 아니라고 한다. 후반에서는 그 이유를 설명한다.

『시경』에 전국의 모든 사람이 왕의 부하라는 문구가 있다. 즉, 모든 사람이 주 나라 사람이 된다. 일찍이 주 왕조는 천하를 지배했다. 온 나라 사람은 『시경』을 근거로 자신이 다른 나라 사람이 아니라 주 왕조의 사람이라고 주장한다. 이 재치로 주 나라 왕을 꼼짝 못하게 했고 결국 자신을 석방시키게 했다.

주 나라에서의 탈출 수단으로 『시경』을 사용했다는 사실이 흥미롭다. 그는 그 일 절을 능란하게 이용하여 궁지에서 벗어났다. 실로 언어의 승리라고 할 수 있다.

온 나라 사람은 자신의 재치를 보여주기 위해 일부러 궁지에 빠진다. 그렇기 때문에 순간적으로 『시경』의 한 소절을 읊을 수 있었다. 어쩌면 동료와 무사히 탈출하면 돈을 받기로 내기를 걸었을지도 모른다. 아니면 전문 마술사였을지도 모른다. 그렇다면 이 게임의 이름을 탈출 게임이라 할 수 있다. 언어는 사람을 위협하는 무기도 된다. 언어의 위력은 불리한 형세에서 역전할 수도 있게 한다. 다음은 『전국책』 권31편 연(燕) 3편에 있는 탈출 게임이다.

국경에서 외줄 타기

장축(張丑)이 연 나라의 인질이 되었다. 연 나라 왕은 그를 죽이려고 했다. 도망쳐 국경을 넘으려는 순간 그는 국경의 관리인에게 잡히고 말았다. 장축은 말했다.

"연 나라 왕이 저를 죽이려고 한 이유는 제가 보석을 가지고 있다 하여 그것을 빼앗고 싶어서입니다. 보석은 지금 제 손에 없습니다. 그런데 왕은 저의 말을 믿지 않습니다. 지금 당신은 저를 죽이려고 합니다. 저는 당신이 보석을 빼앗아 먹어버렸다고 말할 것입니다. 그러면 왕은 곧바로 당신의 배를 갈라 온통 뒤집어놓겠지요. 당신의 내장 또한 갈기갈기 찢겨 나가겠지요."

국경을 지키는 관리인은 장축의 말을 듣고 두려워하며 그를 석방했다.

연 나라의 인질이 된 남자가 국경 수비수를 협박하여 탈출하는 데 성공했다는 이야기이다. 장축은 제 나라 신하다. 장축은 인질이 되었다고 했지만 얼마나 멋지게 인질에서 벗어날 수 있는지를 보여주기 위해 스스로 잡혀갔다고도 볼 수 있다.

이 이야기는 장축이 혼자 벌인 연극이라 할 수 있다. 장축은 국경의 관리인에게 잡혔을 때 '연 나라 왕이 자신의 보석을 빼앗기 위해 죽이려 한다', '보석을 잃었는데 왕은 믿으려 하지 않는다' 라는 두 가지 정보를 관리인에게 알려주어 그의 마음에 욕심 많고 의심 많은 왕의 이미지를 심어준다. 만일 보석을 가지고 도망쳤다고 말하면 위험에 빠질 것이다. 국경 관리인은 장축을 잡아 공적을 올릴 수 있기 때문이다.

그런데 지금 보석이 없다고 하여 사태는 일변한다. 우선 장축이 보석을 가지고 있다는 증거 자체가 없어졌다. 따라서 장축을 잡은 이유의 반이 사라졌다. 게다가 보석을 관리인에게 빼앗겼다는 위증은 도망자와 쫓는 자의 처지를 완전히 역전시켰다. 불안하고 초조한 전개다.

아무리 변명을 해도 왕은 믿어주지 않을 것이라는 선입관이 이미 관리인에게 심어져 있었다. 자신의 목숨을 지키기 위해 관리인은 장축을 석방한다. 장축은 도망자에서 협박자로 변신하여 국경에서 탈출할 수 있었다. 만일 장축이 지금도 살아 있다면 모험 소설가가 되었을 것이다.

장축은 처음에 위기 상황에 놓여 있었다. 그러나 그 위기를 역이용하여 자신에게 유리한 정황을 만들어냈다. 그것을 가능하게 한 것이 언어의 마술이었다. 마치 외줄 타기 서커스를 보는 듯하다. 우리는 그의 훌륭한 연기에 놀랄 수밖에 없다.

소문의 심리학

말은 사람의 마음에 상처를 주는 도구가 되기도 한다. 다음은 참언(讒言)의 마력을 다룬 우화이며 『전국책』 권23편 위(魏) 2편에 있는 이야기이다.

시장에 호랑이가 나타났다

방총(龐蔥)은 위 나라 태자와 함께 인질이 되어 한단으로 가고 있었다. 방총은 위 나라 왕에게 말했다.

"한 사람이 시장에 호랑이가 나타났다고 하면 믿으시겠습니까?"

"안 믿는다."

“두 사람이 시장에 호랑이가 나타났다고 하면 믿으시겠습니까?”

“망설여지는구나.”

“세 사람이 시장에 호랑이가 나타났다고 하면 믿으시겠습니까?”

“믿을 만하구나.”

“애초부터 시장에는 호랑이가 없었습니다. 그러나 세 사람이 말하면 호랑이가 나타났다고 믿습니다. 지금 한단은 대양(大梁 : 위 나라의 수도)에서 시장보다 먼 거리에 있으며 저를 비판하는 사람은 세 명 이상이 있습니다. 왕께서는 이 사실을 잘 헤아려 주시기 바랍니다.”

“그건 내가 스스로 판단하겠다.”

이렇게 말을 하고 헤어졌다. 그러나 그가 한단에서 돌아오기도 전에 그를 비방하는 소문이 먼저 왕의 귀에 들어갔다. 그 후 태자는 인질에서 해방되었으나 방총은 용서받지 못했다.

위 나라의 방총은 인질로 잡혀 한단으로 가면서 시장에 호랑이가 나타났다는 이야기를 인용한다. 아무리 많은 사람들이 자신을 비방해도 믿지 말라고 왕에게 당부한 것이다.

그러나 위 나라 왕은 결국 방총을 비방하는 말을 믿어 귀국 후에 그를 멀리 했다는 이야기이다. 세 사람이 말하면 호랑이가 나타났다는 사실을 믿는 것은 많은 사람들의 말은 신용할 수 있다는 뜻이다.

이 이야기에서 방총의 주제 설정은 거의 완벽에 가깝다. 처음에 시장에 호랑이가 나타났다는 것을 인용하여 참언이 얼마나 무서운지를 구체적으로 설명했다. 위 나라 왕도 그 예를 잘 파악했는데도 참언을 더 믿었다. 정말로 어리석은 군주다.

또 남을 비방하는 사람들의 주제 설정이 방총보다 더 뛰어났다는 결론이다. 어떠한 주제 설정을 사용했는지 궁금하다. 방총은 말의 전쟁에서 패했다. 이와 비슷한 예로 성공한 우화도 있다. 『전국책』 권4 진(秦) 2편에 있는 이야기이다.

살인자 회참(曾參)

옛날 회참(曾參, 회자(曾子)은 비(費)라는 마을에 살고 있었다. 같은 마을에 동성동명인이 있었는데 그가 사람을 죽였다. 어떤 사람이 회자의 어머니에게 말했다.

"회참이 사람을 죽였습니다."

"제 아들은 사람을 죽이지 않았습니다."

어머니는 침착하게 천을 짜던 일을 계속했다. 잠시 후 다른 사람이 나타나 같은 말을 하자 어머니는 여전히 믿지 않고 하던 일을 계속했다. 또 잠시 후 다른 사람이 나타나 같은 말을 하자 이번에는 하던 일을 던지고 겁에 질려 울타리를 넘어 도망쳤다.

결국 회참의 빈틈없는 성격과 어머니의 신뢰는 세 사람의 의심 앞에서 무너진 것이다.

아무리 현명한 어머니라도 많은 사람들이 똑같이 말하면 자신의 아들도 믿을 수 없다는 이야기이다. 소문은 두려운 존재라는 것을 예로 들었다.

회참은 공자의 제자로 효자라 알려졌다. 이는 진(秦) 나라 무왕을 섬기던 감무(甘茂)가 한 이야기이다. 감무는 위 나라와 동맹을 맺어 한 나라를 공격하는 작전을 세웠다. 그러나 한 나라를 공격하기가 쉽지 않았다. 감무는 원래 제 나라 사람이었기 때문에 그의 작전을 반대하는 사람들이 있을까 봐 두려웠다. 그래서 위와 같은 이야기를 예로 들면서 말했다.

"나의 현명함은 회자를 능가한다. 왕이 나를 신뢰하는 것도 회자의 어머니를 따를 수 없다. 나를 의심하는 사람은 세 명뿐이 아니다. 왕이 나를 위해 베틀을 던지는 것이 두렵다."

자신을 의심하는 사람이 나타나도 믿어달라는 부탁이다. 무왕은 다른 의견을 받아들이지 않겠다고 약속했다. 그 결과 한 나라의 의양(宜陽)을 함락하는 데 성공했다.

회자와 어머니의 이야기는 유언비어에 흔들리는 인간의 어리석음을 잘 나타낸다. G·W·올포드, L·포스트맨 『유언비어 심리학』의 제2장 '유언비어는 왜 퍼질까' 를 보면 유언비어의 두 가지 기본적인 조건에 대해 다음과 같이 말하고 있다.

첫째, 이야기의 주제가 말하는 사람이나 듣는 사람 모두에게 중요해야 한다.

둘째, 사실이 모호하게 감추어져야 한다. 그런데 이 모호함은 뉴스가 전혀 없거나 불완전할 때, 모순된 성질의 뉴스라서 신뢰할 수 없을 때, 또는 뉴스로 알려진 사실이 사람에게 감정적인 긴장을 유발시켜 그것을 믿기 어렵게 하거나 믿고 싶지 않게 할 때 생겨난다.

'회참이 사람을 죽였다' 는 주제는 '중요함' 과 '모호함' 이라는 두 가지 기본적인 조건을 충족시킨다. 우선 내 아이가 사람을 죽였다는 것은 매우 중요하다. 또 효자로 알려진 사람이 살인을 했다는 뉴스는 '모순된 성질의 것이라 신뢰할 수 없다'. 특히 어머니의 처지에서 그러한 충격적인 뉴스는 매우 믿기 어려울 것이다. 게다가 동성동명의 인물이 살인을 했다는 복잡함은 모호함을 증폭시키는 효과를 낳는다.

『유언비어의 심리학』에는 '유언비어의 유포량은 당사자에 대한 문제의 중요함과 그 논제에 대한 증거의 모호함의 곱에 비례한다' 라고 적혀 있다. 회자의 어머니가 너무 두려운 나머지 도망친 것도 무리는 아니다.

언어는 세계를 창조한다

언어가 없다면 사물을 생각할 수 없고 세계를 인식할 수도 없다. 지금부터 『열자』 탕문(湯問) 제5편에 있는 우화를 살펴보자.

태양까지의 거리

공자가 동방으로 여행 갔을 때 두 아이가 말다툼을 하는 모습을 보고 그 이유를 물었다.

두 아이의 대화는 이렇다.

"태양이 막 떴을 때는 사람에게 가깝고 태양이 하늘 중앙에 왔을 때는 멀어져."

"아니야. 태양이 막 떴을 때는 멀고 태양이 하늘 중앙에 왔을 때는 가까워져."

"태양이 막 떴을 때의 크기는 마차를 가리는 큰 양산과 같아. 태양이 중앙으로 왔을 때는 접시와 대접처럼 된다. 멀리 있는 것은 작게, 그리고 가까이 있는 것은 크게 보이기 때문이지."

"태양이 막 떴을 때는 썰렁하여 왠지 추워져. 태양이 하늘 중앙으로 올쯤에는 열탕에 손을 넣는 기분이지. 가까운 것은 뜨겁고 멀리 있는 것은 차갑기 때문이지."

공자는 어느 쪽이 옳은지 알 수 없었다. 두 아이는 웃으며 말했다.

"누가 당신에게 박식하다고 했습니까?"

이 이야기에서 두 아이는 태양이 중앙으로 다가갈수록 변하는 거리에 대해 논쟁하고 있다. 처음에는 (A) 하늘 중앙으로 다가갈수록 태양은 멀어진다, (B) 하늘 중앙으로 다가갈수록 태양은 가까워진다는 서로 다른 두 의견을 제시한 후 각각의 근거를 소개한다. 옳고 그름을 판결하지 않고 두 아이의 논쟁을 듣고 있던 공자도 판단할 수 없었다는 결론이다.

현대 천문학 지식으로 보아 두 아이의 견해는 모두 일면적이라 비판해도 어쩔 수 없다. 아니, 케플러의 법칙(J. 케플러가 T.

브라헤의 행성 관측 결과로부터 경험적으로 얻은 행성 운동에 관한 세 가지 법칙—역주)도 몰랐던 고대 아이들의 풍부한 상상력에 놀라움을 금할 수 없다.

우리는 이 이야기에서 말의 인식 작용에 대해 배워야 한다. 우리는 말로 사물을 생각한다. 각각의 말에는 의미가 부여되어 있기 때문에 세계를 인식할 수 있다. 인식한다는 것은 세계를 해석하는 것이다. 즉, 세계는 언어로 만들어졌다. 다시 말하면 말이 세계를 바꾼다는 뜻이다. 말과 의미의 관계를 끊으면 세계가 해체될 수도 있다.

하늘의 중앙으로 다가갈수록 태양은 멀어진다고 생각한 아이 A는 시각으로 세계를 인식했다. 이는 세계를 해석하는 한 방법이다. 이때 A는 자신의 세계관을 확립하고 있다. 언어로 세계를 만들었기 때문이다.

이에 반해 B라는 아이는 촉각으로 전혀 다른 결론을 내렸다. 즉, 새로운 세계관을 수립함과 동시에 A의 세계관을 파괴했다. 말의 혁명이다. 두 아이는 말로 혁명을 일으킨 것이다. 이에 대한 해답을 찾지 못한 공자를 비꼬는 이야기이다.

공자는 낡은 권위를 상징한다. 그는 상식을 의심할 줄 몰랐을까? 두 혁명아(革命兒)의 출현으로 당황하는 모습이 눈에 선하다. 이 이야기에서 공자는 지적 리더의 역할을 이미 마쳤다. 역할을 마친 사람은 빨리 물러나는 것이 좋다. 위 이야기의 작자는 낡은 권위를 비웃으며 이와 같이 생각했을 것이다.

5

다양한
독심술

사람의 속마음은 들여다볼 수 없다.

만일 사람의 속마음을 들여다볼 수 있다면 어떨까?

방법은 있을까?

상대방이 선택한 카드를 맞추는 심리 마술이 있다.

이 기술은 속임수를 이용한다.

이번에는 여러 가지 방법으로

사람의 마음을 들여다보는 이야기를 인용한 우화다.

태도

사람들은 말을 통해서 사물을 생각한다. 하지만 항상 그렇지만은 않다. J·B·와트슨의『행동주의 심리학』에서는 골프를 할 때 손을 사용하는 기구(機構)(A), 언어 기구(B), 내장 기구(C) 세 가지 습관계(習慣系)를 약도로 나타내고 있다. 그 약도를 살펴보면 ABC 각각의 곡선이 휜 모양과 비슷하고 서로 의지하고 있다는 사실을 알 수 있다. 즉, 우리는 몸 전체로 생각을 한다. 다시 말하면 말에 의지하지 않아도 상대방의 생각을 알 수 있는 것이다.

얼굴 표정에도 희로애락의 감정을 나타내는 근육의 움직임이 각기 다르므로 표정으로 속마음을 읽을 수 있다. 기분이 고양되면 등줄기를 쭉 펴게 되고, 낙담하면 몸이 축 쳐져 힘이 없어 보이기 때문에 신체 동작으로도 상대방의 기분을 판단할 수 있다. 또 음성의 억양으로도 감정을 판단할 수 있다.

말로 의사 표현을 하지 않아도 상대방의 생각을 이해할 수 있는 방법이 있다. 『여씨춘추』 권18편 심응남(審應覽) 정유(精諭)에 있는 우화를 살펴보자.

말하지 않아도 안다

제 나라 환공(桓公)이 제후들을 불러들였는데 위 나라 사람이 늦게 도착했다. 이에 환공은 조정에서 관중(管仲)과 위 나라를 공격하기로 상의했다. 환공의 부인(위 나라 공주)은 조정에서 돌아오는 남편의 모습을 보고 방에서 나와 두 번 머리를 숙였다. 그리고는 위군(衛君)의 죄를 용서해 달라고 부탁하자 환공이 대답했다.

"나는 위 나라에 유감이 없소. 그런데 어찌 부인이 용서해 달라고 부탁하는게요?"

"저는 주군이 들어오시는 모습을 보았습니다. 다리를 높이 들어 힘있게 걷는 모습에서 공격할 태세가 엿보였습니다. 그리고 저를 보는 안색이 좋지 않은 것을 보니 위 나라를 공격하시려는 것이 아닙니까?"

다음날 환공은 조정에 나가 가볍게 인사하고 관중을 불러들였다. 관중은 다음과 같이 말했다.

"주군은 위 나라를 용서하시려는 겁니까?"

"자네가 그걸 어떻게 알았는가?"

"주군이 조정에 들어와 정중하게 인사하시는 것을 보고 알았습니다. 말씨도 차분하시고 저를 보고 겸연쩍어하셨습니다. 그래서 알았습니다."

"훌륭하군. 자네는 밖을, 그리고 부인은 안을 차분하게 가라앉히는구나. 나는 마지막까지 제후들의 비웃음거리가 되는 일은 없겠군."

환공은 속마음을 말로 표현하지 않았다. 그런데 관중은 몸짓과 음성으로 부인은 걸음걸이와 기력으로 환공의 속마음을 알 수 있었다.

환공의 부인과 재상인 관중이 환공의 태도를 보고 그의 속마음을 꿰뚫어 보았다는 이야기이다. 환공이 관중과 위 나라 공격에 대해 상의하고 있었을 때 부인은 그 장소에 없었다. 그런데 환공의 걸음걸이와 표정을 보고 공격 의사를 알아챘다. 그리고 환공이 위 나라를 용서하기로 한 결심을 말하지도 않았는데 관중은 환공의 말투와 표정으로 알 수 있었다.

몸짓과 표정은 사람의 속마음을 비춰주는 거울이다. 잘 관찰하면 사람의 마음을 알아낼 수 있다. 환공의 부인과 관중은 뛰어난 심리학자이기도 하다. 이러한 인물이 곁에 있다는 사실은 환공에게 다행스러운 일이다.

환공은 아마도 희로애락의 감정 표현을 밖으로 잘 나타내는 사람이었을 것이다. 그렇기 때문에 부인과 관중에게 자신의 속마음을 들킨 것이다. 환공이 만일 포커페이스(상황이 바뀌어도 무표정하거나 마음의 동요를 나타내지 않는 얼굴―역주)였다면 부인과 관중에게 그의 본심을 들키지 않았을 것이다.

희로애락의 감정 표현이 밖으로 드러난다는 것은 단순하고 정직하다는 증거다. 이러한 사람을 상대하는 것은 오히려 쉽다. 가장 성가신 것은 무엇을 생각하고 있는지 도무지 알 수 없는 사람일지도 모른다. 이러한 성격의 지도자는 매우 걱정스럽다. 환공과 같은 사람이 전쟁터에서 지휘하고 부인과 관중과 같은 우수한 사람이 적군에 있다면 작전은 곧바로 적에게 들켜 패배하고 말 것이다.

비밀

사람의 속마음을 알 수 있다면 편리할 것이다. 그러나 세상에는 모르는 것이 약이 되는 경우도 있다. 사람의 속마음을 내다보는 것이 얼마나 위험한지를 다음 우화를 통해 알아보자. 『한비자』설림상 제22편에 있는 우화다.

모르는 것이 약이다

습사미(隰斯弥)와 전성자(田成子)가 만나 높은 전각에 함께 올라 사방을 둘러보았다. 삼 방의 전망은 모두 좋았지만 남쪽은 습사미의 집에 있는 나무가 앞을 가로막고 있었다. 그래도 전성자는 아무 말도 하지 않았다.

습사미는 집으로 돌아와 사람을 시켜 그 나무를 베도록 했다. 그러나 도끼로 몇 군대를 찍어내자 습사미는 이를 중지시켰다. 이때 가노(家老 : 에도 시대 대명(넓은 영지를 소유한 무사)의 가신 가운데 가장 윗자리의 중신)가 말했다.

"어찌하여 중지하시는 겁니까?"

"옛날 속담에 '연못 속에 있는 물고기를 아는 사람은 불길하다' 라는 말이 있다. 전성자는 앞으로 큰 사건을 일으키려 하고 있다. 내가 사소한 일에 신경 쓰고 있다는 사실을 그에게 알리면 나는 반드시 위험에 처하게 될 걸세. 나무를 자르지 않는다고 죄가 되지는 않네. 그러나 상대방이 하지도 않은 말을 아는 것은 죄가 되겠지."

그래서 그는 나무를 자르지 않았다.

상대방의 본심을 알아챈다는 것이 얼마나 위험한지를 깨닫고 모르는 척했다는 이야기이다. 습사미와 전성자는 모두 제 나라 사람이다. 전성자는 후에 제 나라 간공(簡公)을 시해한 인물이다. 큰 사건이란 간공 살해 계획을 의미한다.

전성자가 습사미와 함께 높은 전각에 올랐을 때 습사미의 집에 있는 나무가 시야를 가려 남방의 전망이 나빴다. 그러나 전성자는 아무 말도 하지 않았다. 이것은 의도적으로 나무가 방해된다는 것을 알리지 않고 습사미가 알아채는지 어떤지를 시험한 것이다. 만일 알아챘다면 총명한 사람이 되고 모르고 지나간다면 둔감한 사람이 된다. 이 당시 전성자는 간공을 살해할 계획을 세우고 있었다. 만일 습사미가 총명하다면 살해 계획을 들켜 버릴지도 모른다. 습사미가 나무를 잘랐다면 전성자에게 살해당했을 것이다.

그러나 습사미는 나무를 자르지 않아 목숨을 구할 수 있었다. 이는 그가 둔감한 사람이라서가 아니라 전성자의 의도를 알았기 때문에 나무 자르는 일을 중지시킨 것이다. 즉, 습사미는 둔감을 위장할 정도로 두뇌가 명석한 인물이었다. 과연 전성자는 습사미의 의도를 눈치 챘을까? 이 이야기의 재미는 고급 미스터리 소설과 맞먹는다. 습사미가 나무를 자르다 도중에 중지한 일 등 두 사람의 임기응변술은 손에 땀을 쥐게 한다. 타인의 마음속에 있는 비밀을 안다는 것은 매우 위험한 일이다.

징조

『여씨춘추』권20편 시군남(恃君覽) 관표(觀表)에 다음과 같은 말이 나온다.

"사람의 마음은 감추어져 보기 어렵고, 깊숙이 숨어 있어 추측할 수 없다. 그러므로 성인(聖人)은 사실과 현상을 관찰하여 그것을 안다. 성인이 보통 사람들보다 뛰어난 것은 먼저 알 수 있기 때문이다. 먼저 알아보려면 사물의 징조를 상세하게 알아 봐야 한다."

징조를 확실히 꿰뚫어 보면 사람의 마음도 읽을 수 있다. 그러한 예로 다음과 같은 우화가 있다.

사람을 보는 눈

후성자(邱成子)가 노(魯) 나라의 사자로 진(晉) 나라를 방문하는 도중에 위 나라를 지나쳤다. 위 나라의 우재곡신(右宰穀臣)은 가던 길을 멈추어 그에게 술을 권했다. 그는 음악을 연주해도 즐거워 보이지 않았다. 분위기가 한창 무르익어 갈 무렵 우재곡신은 후성자에게 보석을 선물했다. 그는 진 나라에서 돌아오는 길에도 위 나라를 지나쳤지만 인사도 하지 않았다. 그러자 후성자의 하인이 말했다.

"전에는 우재곡신이 주인님에게 술을 권하며 매우 기뻐하기까지 하지 않았습니까? 그런데 지금은 주인님을 보고도 왜 인사를 하지 않는 것입니까?"

"맨 처음에 나를 붙들어 술을 권했던 것은 나와 기쁨을 함께하고자 했던 것이다. 음악을 연주해도 즐거워하지 않은 것은 나에게 고민을 털어놓고 싶어서이다. 분위기가 무르익어 갈 무렵 나에게 보물을 선물한 것은 그것을 나에게 맡긴 것이다. 이 모든 것을 종합해서 생각해 보면 위 나라에 반란이 일어날 것이다."

위 나라를 떠나 30리쯤 가자 녕희(甯喜) 암살 사건이 일어나 우재곡신도 죽었다는 소식이 들어왔다. 후성자는 마차로 되돌아가 관 앞에서 세 번 소리 내어 울고 돌아왔다. 고향에 도착하자

사람을 시켜 우재곡신의 처자를 돌보게 하고 저택의 일부를 주
어 살게 했다. 자신의 봉급도 나누어 가족을 부양했다. 아이가
성장하자 우재곡신이 맡겼던 보석을 되돌려 주었다.

이 이야기는 세 단락으로 나뉜다. 제1단계에서는 노 나라 사
신 후성자가 진 나라로 가는 도중에 위 나라의 우재곡신과 술을
마신다. 그러나 돌아가는 길에는 아무 말 없이 위 나라를 지나쳤
다. 제2단계에서는 술을 마시게 된 이유를 말하고 있다. 즉, 반
란의 징조가 보였다. 제3단계에서는 위 나라에 반란이 일어나
우재곡신이 살해당했다는 사실과 그의 유가족을 돌봐주었다는
이야기이다.

후성자는 노 나라의 대부이며 우재곡신은 위 나라의 대부였
다. 녕희 암살 사건은 위 나라 대부 녕희의 독재 정치를 못마땅
히 여긴 공손면여(公孫免余)가 녕희를 살해한 사건이다. 이때
우재곡신도 함께 살해당했다.

우재곡신은 아마도 이번 사건을 예감했을 것이다. 그러나 그
것을 입 밖으로 내지 않고 후성자가 위 나라를 지나칠 때 가던
길을 멈추게 하여 함께 술을 마시며 보석을 선물로 준다. 자신의
처자를 후성자에게 맡기려는 것이다. 후성자는 우재곡신의 속마

음을 헤아려 사후 그의 가족을 부양했다.

언뜻 관계가 없는 것처럼 보이지만 모두 하나의 선으로 이어져 있다. 세상사의 여러 가지 징조를 퍼즐 맞추듯 짜맞추면 전체상이 모인다. 후성자는 우재곡신의 행동을 잘 살펴 그 이면에 감추어진 심리를 알아냈다. 사람 보는 눈이 있다고 할 수 있다.

우재곡신과 후성자는 그다지 친밀한 관계는 아니었다. 그렇다고 우재곡신은 자신이 죽은 후의 모든 일을 아무에게나 부탁할 수는 없는 일이다. 우연히 후성자가 그곳을 지나쳤다고 해도 그를 믿어도 괜찮을 것 같다는 승산이 있었을 것이다. 그리고 예상대로 후성자는 우재곡신의 부탁을 들어주었다. 결국 우재곡신은 사람 보는 눈이 있었다.

작은 징후에서 나라의 미래를 예언한 이야기도 있다. 다음은 『한비자』 유노(喩老)21에 있는 이야기이다.

상아 젓가락에서 미래가 보이다

옛날 은 나라 주왕(紂王)이 상아 젓가락을 만들자 이를 두려워한 기자(箕子)가 생각했다.

'상아 젓가락을 만들면 흙으로 만든 오지 그릇에 국을 담을 수 없을 거야. 반드시 코뿔소의 뿔이나 주옥으로 만든 그릇을 사용해야겠지. 상아 젓가락과 옥으로 만든 그릇을 사용하게 되면 콩 잎으로 만든 음식은 담아낼 수 없을 거야. 반드시 쇠고기나 코끼리 고기, 표범 고기와 같은 음식을 차려야 하겠지. 이러한 음식을 먹게 되면 아무래도 초라한 옷차림과 초가집은 어울리지 않아. 여러 벌의 비단옷과 넓은 집, 그리고 높은 누각에 살아야 하고… 주왕의 최후가 어떻게 될지 걱정스럽다. 그렇기 때문에 처음 시작이 두려운 거야.'

5년 후, 주왕은 고기로 밭을 만들고 불구덩이로 형구를 만들어 술지게미 언덕에 올라 술로 만든 연못을 내려다보고 있었다. 그 결과 주왕은 망했다. 기자는 상아 젓가락을 보고 앞으로 일어날 재난을 미리 내다보았다. 그래서 작은 일을 간파할 줄 아는 힘을 통찰력이라고 한다.

은 나라 주왕은 폭군으로 알려졌다. 기자는 주왕의 가족이다. 작은 일을 간파할 줄 아는 힘을 통찰력이라고 한 것은 『노자』 제52장에 있는 말이다. 식사 때 상아 젓가락을 사용하는 것은 사소한 일처럼 보인다. 그러나 기자는 그것을 사치스러운 생활의 전조라고 생각했다.

기자의 예상은 적중했다. 주왕의 사치는 급속도로 심해져 결국 나라를 멸망시켰다. 어떠한 일의 시작은 아주 사소한 일로 시작된다. 사소한 일을 중요시하거나 멸시하는 일은 결코 작은 문제가 아니다. 사소한 일이 큰일로 발전할 수 있다는 것을 간파하려면 상상력을 길러야 한다.

작은 조짐을 잘 관찰하면 사람의 속마음뿐만 아니라 나라의 운명까지도 내다볼 수 있다.

감응(感應)

동물도 사람의 마음을 알 수 있을까? 『열자』 황제(黃帝) 제2편
에 갈매기와 사람이 교류하는 이야기가 나온다.

바닷가의 갈매기

바닷가에 갈매기를 좋아하는 사람이 살고 있었다. 그는 매일
아침 바닷가로 나가 갈매기와 더불어 놀았다. 그에게 놀러 오는
갈매기는 백 마리도 넘었다. 어느 날 그의 아버지가 말했다.

"갈매기가 너를 잘 따른다고 들었다. 그렇다면 잡아 오너라.
그 갈매기를 가지고 놀고 싶구나."

다음날 바닷가로 나가자 갈매기는 공중에서 내려올 생각을 하

지 않았다.

　갈매기와 사이가 좋았던 아들은 아버지의 청을 받아 갈매기를 잡으려 했으나 잡히지 않았다. 악의가 있는 사람에게는 어느 누구도 가까이 하려 하지 않는다는 교훈이 담긴 이야기이다. 이 이야기의 뒤에 다음과 같은 말이 나온다.

"그러므로 '지극한 언어란 언어를 떠나는 것이고 지극한 행위란 작위가 없는 것이다. 보통 지혜 있는 자들이 안다고 하는 것은 곧 천박한 것이다'라고 말하는 것이다."

　여기에 인용한 것과 비슷한 글이 『장자』 지북유(知北遊) 제22편에도 있다. 남자가 갈매기를 잡으려 했을 때 말을 하거나 행동을 보여주지 않았다. 그런데도 속마음을 갈매기에게 들켜 버렸다. 즉, 말과 행동에 나타나지 않더라도 무언가를 느낄 수 있는 힘이 존재한다는 것을 말한다. 단 상식에 얽매인 사람은 알 수 없다.

동기(動機)

　명탐정은 범인을 잡을 때 범행 동기를 추적한다. 왜 그랬을까. 또는 그 일로 득이 되는 사람은 누구일까. 여러 가지 측면에서 범인의 심리를 분석하여 범인을 가려낸다. 『한비자』 내저설하육미 제31편에 있는 이야기를 살펴보자.

목욕탕 속의 자갈

　목욕을 하고 있던 희후(僖侯)는 탕 속에서 자갈을 발견한다. 희후가 신하에게 말했다.

　"욕실 담당자를 자르면 누군가 그를 대신할 사람이 있는가?"

　"예, 있습니다."

"불러들이거라."

희후는 욕실 담당자를 대신할 사람을 불러들여 추궁하기 시작했다.

"어찌하여 자갈을 욕조 안에 넣었느냐."

"욕실 담당자가 잘리면 제가 그 자리를 차지할 수 있기 때문에 자갈을 욕조 안에 넣었습니다."

한 나라 희후는 욕조 안에 자갈을 넣은 범인을 범행 동기에서 알아냈다는 이야기이다. 목욕탕에 자갈을 넣은 사람은 누구일까. 희후는 범행 동기를 생각하고 이해관계에서 범인을 추리해 나갔다. 욕조에 들어 있는 자갈을 보고 가장 먼저 책임을 추궁당할 사람은 욕실 담당자다. 그러므로 그러한 일을 벌일 이유가 없는 욕실 담당자는 범인이 아니다. 그에게 죄를 뒤집어씌우려 한 인물이 따로 있다는 결론이 나온다. 즉, 범인은 욕실 담당자 대신 그 자리를 차지할 인물이다.

희후는 다음 용의자를 눈여겨보았다. 범인을 심문하는 방법이 매우 훌륭하다. '어제 어디에서 무엇을 했는가?' 와 같이 흔히 할 수 있는 질문을 하지 않았다. 갑자기 '왜 자갈을 넣었느냐' 라고 심문했다. 증거가 있으니 발뺌할 생각은 하지 말라는 식이다.

추궁당한 범인은 포기하고 깨끗하게 자백했다. 만일 아직도 희후가 살아 있다면 우수한 범죄 심리학자나 셜록 홈스와 같은 명탐정이 되었을지 모른다. 다음은 육조 시대(六朝時代) 진 나라의 이야기이다. 명탐정이 범행 동기에서 범인을 알아냈다는 내용이 위의 이야기와 비슷하다.

잔에 비친 뱀

악광(樂廣)에게는 절친한 친구가 있었는데 오랫동안 소식도 없고 전처럼 찾아오는 일도 없었다. 이를 이상히 여겨 그 이유를 묻자 친구가 대답했다.

"얼마 전에 자네 집에서 대접을 받은 적이 있었지. 그때 술을 마시려고 하는데 술잔 속에 뱀이 보이지 않겠나. 기분이 매우 언짢았지만 그냥 마셨다네. 그리고 그만 병에 걸리고 말았지."

그때 친구와 만났던 곳은 관가의 자기 집무실이었다. 그 집무실 벽에는 옻칠로 뱀 그림이 그려진 활이 하나 있었는데, 그 활이 친구의 술잔에 비친 것이다.

생각이 여기에 이르자 악광은 다시 친구를 초대하여 술자리를 마련했다. 그리고는 그 친구를 지난번에 앉았던 바로 그 자리에 앉게 하고는 술잔에 술을 따라주었다. 그러고 나서 물었다.

"어떤가? 무엇이 보이는가?"

친구는 짐짓 두려운 표정을 지으며 말했다.

"지난번과 같은 것이 보이네."

악광은 껄껄 웃으면서 말했다.

술잔 속에 보이는 것은 활에 그려져 있는 뱀 그림자일세. 이 말을 듣고 벽의 활을 확인한 친구는 밝게 웃었다. 그리고 그 후 병도 씻은 듯이 나았다.

악광이 하남에서 장관으로 있을 때 친구가 병이 난 원인을 제거하자 병이 씻은 듯이 나았다는 이야기이다. 『진서(晉書)』 권43편 악광전(樂廣轉)에 있는 이야기이다. 『진서』는 당 태종 이세민이 방현령(房玄齡)에게 명하여 편집한 역사서이다.

악광의 친구는 잔에 비친 활 그림자를 뱀이라 여겨 병에 걸렸다. 이 이야기에서 '배궁사영(杯弓蛇影, '배중사영(杯中蛇影)' 이라고도 함)' 이라는 말이 생겼다. 악광의 친구는 왜 잔 속에 뱀이 있었는지 생각하지도 않았다. 이유를 찾지 않고 표면적인 현상만 보고 흠칫 무서워 겁을 먹은 것이다.

그러나 악광은 달랐다. 원인이 없는 곳에 결과도 없다. 친구와 술을 마셨을 때의 상황을 냉정하게 분석하여 술잔 속에 뱀이 있는 이유를 찾아냈다. 마치 범인을 알아내는 명탐정과도 같으며 노이로제 환자를 치료하는 신경과 의사와도 같다.

어떠한 어려운 문제라도 해석의 실마리를 찾으면 거침없이 잘 풀리는 경우도 있다. 『진서』의 전기를 보면 악광은 의론을 잘하고 요령으로 사물의 도리를 해명하여 사람들의 마음을 압도했다. 위의 이야기에서 사물의 도리를 정확하게 분석해 나가면 의문을 해결할 수 있다는 교훈을 배울 수 있다.

미끼

봉건주의 사회의 군주에게는 절대적인 권력이 있다. 그래서 많은 사람들이 군주에게 잘 보이기 위해 아첨한다. 신하가 군주의 마음을 사로잡는 것은 자기 어필로 이어지는데 이때 여러 가지 방법으로 군주의 속마음을 알아낸다. 『한비자』 외저설우상 제34편에 다음과 같은 이야기가 나온다.

마음에 드는 것을 찾아라

설공(薛公)이 제 나라 재상이었을 때 위왕(威王)의 부인이 죽었다. 궁 안에 열 명의 첩이 있었는데 모두 왕의 사랑을 받고 있었다. 설공은 왕에게 왕비가 될 여자를 골라 추천하고 싶었다.

만일 설공이 추천한 여자가 왕의 마음에 든다면 왕에게 인정받고 새로운 왕비에게도 존경받을 것이다. 반대로 마음에 들지 않는다면 왕에게 인정받지 못할 것이고 새로이 왕비가 될 여인에게도 멸시받을 것이다. 그래서 먼저 왕비가 될 만한 여자를 찾기로 했다.

설공은 옥으로 귀걸이 열 개를 만들어 왕에게 바쳤다. 그중 한 개만 아름다운 귀걸이였다. 왕은 그것을 열 명의 첩에게 나누어 주었다. 다음날 설공은 아름다운 귀걸이를 한 여자를 왕비로 추천했다.

설공이 아름다운 귀걸이를 이용하여 왕이 좋아하는 여자를 알아맞추었다는 이야기이다. 설공은 전영(田嬰)으로 위왕의 아들이다. 정곽군(靖郭君)이라고도 불린다. 설공은 위왕 부인의 후계자로 왕의 마음에 드는 여자를 추천하려 했다. 그래서 그는 왕에게 옥으로 만든 귀걸이 열 개를 선물했다. 그중 한 개만 특별히 아름답게 만들었는데 왕이 이것을 가장 마음에 드는 첩에게 줄 것이라 예상했던 것이다.

이 작전은 성공하여 왕의 마음에 드는 여자를 찾아낼 수 있었다. 귀걸이는 새나 짐승을 유인하는 미끼와 같은 역할을 했다.

사냥감을 잡기 위한 올가미였다. 위왕은 이 올가미에 걸리고 만 것이다. 위왕은 자신의 마음에 드는 여자를 부인으로 추천한 설공의 안력에 놀랐을 것이다. 또 마음에 드는 여자를 골라내기 위해 취한 방법을 안다면 더욱더 놀랐을 것이다.

이렇게 밖으로 드러난 군주의 감정을 신하들이 이용하는 경우도 있다.

심독(深讀)

상대방의 속마음을 알아내는 데 성공하는 경우가 있는가 하면 실패하는 경우도 있다. 실패의 원인 중 너무 깊이 생각하여 예상이 빗나가는 경우가 있다. 또 그 예상이 빗나갔다고 반드시 불행한 결과만을 초래하지는 않는다. 상대방의 마음을 너무 깊이 파고 들어간 나머지 불행한 결과를 초래한 예와 반대로 행운을 가져다 준 예를 하나씩 들겠다. 우선 불행한 결과를 초래한 예를 보자. 『열자』 설부 제8편에 있는 이야기이다.

솔개가 떨어뜨린 쥐

양 나라에 우(虞)씨라는 부자가 있었다. 집 안에 없는 것 없이 매우 풍족하게 살았다. 재산이 너무 많아 헤아릴 수 없을 정도였다. 그는 높이 솟은 누각에 올라 풍악과 술을 즐기며 도박을 하고 있었다. 하루는 협객의 무리가 그 누각 아래로 지나갔다. 누각에서 도박을 하는 사람들은 주사위를 던져 물고기 말 두 개(물고기 모양을 한 말로 윷놀이 할 때처럼 사용하는 것)를 뒤집으며 웃고 있었다. 이때 마침 공중을 날아가던 솔개가 썩은 쥐를 떨어뜨렸는데 협객에게 명중했다. 협객은 누각 위에서 놀고 있는 우씨의 무리가 자신들을 업신여겨 일부러 썩은 쥐를 떨어뜨린 것이라고 오해했다. 그리고 협객은 무리에게 말했다.

"우씨는 부유한 생활을 오래도록 즐겨왔다. 우리는 그에게 아무런 피해도 주지 않았는데 항상 우리를 업신여기고 있다. 그런데 썩은 쥐새끼를 우리 머리 위에 내던지다니! 이런 일을 당하고도 복수하지 않고 어떻게 얼굴을 들고 다닐 수 있겠는가. 여러분 힘을 합하고 뜻을 같이 하여 그 집안을 몰살시킵시다."

이 말을 들은 동료들은 모두 뜻을 같이 하기로 했다. 약속한 날 밤에 많은 군사와 무기로 우씨와 그의 집안을 몰살시켰다.

솔개가 떨어뜨린 쥐를 자신들을 업신여겨 우씨가 떨어뜨린 것으로 여긴 협객이 부자 집안을 몰살시켰다는 이야기이다. 이

이야기에서 솔개가 공중에서 썩은 쥐를 떨어뜨린 것은 우연이
다. 그러나 협객들은 우씨가 그들을 업신여겨 한 행동으로 생각
했다. 이는 지나치게 생각하여 생긴 오해에 지나지 않는다. 아
마 부자 우씨와 협객의 관계는 그다지 친밀한 사이는 아니었을
것이다.

협객들은 평소 우씨에 대한 감정이 좋지 않았던 것으로 보인
다. 기회를 보아 습격하려고 했을지도 모른다. 그러한 마음이 잠
재하고 있었기 때문에 솔개가 떨어뜨린 쥐를 계기로 많은 사람
을 죽인 것이다. 이 사건은 잠재적으로 바랐던 일이 현실로 이루
어졌다고 볼 수 있다.

남을 오해하는 것은 그 사람을 불신하기 때문이다. 상대방에
대한 악의를 뜻하는 표시이기도 하다. 한편 우씨는 솔개가 쥐를
떨어뜨렸다는 사실에 어떠한 책임도 없다. 그런데 모두 죽임을
당한다.

다음은 편지 내용을 깊이 생각한 나머지 오히려 좋은 결과를
가져온 예다. 편지를 쓴 사람의 생각을 오해했지만 그것이 오히
려 행운을 가져다 주었다. 『한비자』 외저설좌상 제32편에 있는
이야기이다.

오해받은 편지

영(郢, 초 나라 도읍) 나라의 어떤 사람이 연 나라 재상에게 편지를 보냈다. 날이 어두워지자 등촉을 들고 있는 사람에게 말했다.

"등불을 높이 들어라."

말을 마치고 자신도 모르게 편지에 '등불을 높이 들어라' 라고 썼다. 물론 등불을 높이 드는 것은 편지를 쓰고자 한 의도가 아니었다.

그 편지를 읽고 연 나라 재상은 이렇게 생각했다.

"등불을 높이 들라는 말은 밝음을 존중하라는 뜻이다. 그리고 밝음을 존중하라는 것은 현자를 많이 등용하라는 뜻이다."

연 나라 재상이 왕에게 고하자 왕은 매우 기뻐하며 현자를 많이 등용하여 나라가 번창했다. 나라를 잘 다스리긴 했지만 편지의 의도에는 전혀 없는 말이다. 그때 당시 학문을 하는 사람들에게는 이와 같은 실수가 많았다.

연 나라 재상이 '등불을 높이 들어라' 라는 편지의 의미를 잘못 해석한 덕분에 나라를 잘 다스렸다는 이야기이다. 여기에서

'영서연설(郢書燕說)'이라는 말이 유래했다. 이치에 맞지 않는 것을 억지로 끌어다 붙여 도리에 맞는 것처럼 말한다는 뜻이다. '등불을 높이 들어라'라는 말을 현자를 많이 등용하라는 뜻으로 해석한 것은 명백한 실수다. 이 실수의 배경을 상상해 보자.

연 나라의 재상은 평소 정치에 관심을 두고 현자를 등용하고자 하지 않았을까. 즉, 나라 정치에의 관심이 편지 내용을 깊이 생각하도록 유도했다고 볼 수 있다. 실수는 잠재적인 욕구가 변형된 표현이다. 편지는 정치 개혁의 계기에 지나지 않았다. 개혁할 마음이 조금이라도 있으면 계기는 어디든지 있다. 반대로 만일 연 나라 재상에게 개혁할 마음이 전혀 없었다면 편지에 '현자를 등용하시오'라고 확실히 적혀 있어도 그대로 실행하지 않았을 것이다.

위의 이야기는 당시의 학자가 책의 뜻을 잘못 해석한 것을 풍자한 것이다. 그러나 문학 작품 해석의 관점에서 보면 매우 흥미롭다. 문학 작품은 해석이 다양하다. 객관적인 해석은 문학 작품에 있을 수 없다. 해석하는 사람들이 각각의 시대적인 제약을 받고 있기 때문이다.

이미 근대 문명을 받아들인 우리는 '근대'라는 필터를 통해야 옛날 사람들의 마음을 읽을 수 있다. 가와구치 다카이치(川口喬

一)의 『소설 해석 전략-폭풍의 언덕을 읽고』는 로맨티시즘, 객관적 분석, 정신 분석, 마르크스주의, 페미니즘, 구조주의(構造主義), 포스트구조주의 등 다양한 문학 비평법으로 『폭풍의 언덕』을 읽는 방법을 알려주고 있다. 문학 작품을 이렇게 다양한 방법으로 읽을 수 있다는 지적 흥분을 기억해 두고 싶을 정도다.

문학 작품의 해석이 다른 것은 읽는 사람에 따라 해석 방법이 다르기 때문이다. 고바야시 히데오는 『아실과 거북이 새끼 II』에서 문학 작품을 비평하는 방법을 설명하면서 다음과 같이 말했다.

"하나의 인상 비평에도 해석하는 방법이 다양하다. 하지만 작품을 개인의 감상이라는 사실을 믿고 있는 한 인상 비평에서 벗어날 수 없다. 벗어나지 못한 이상 두려워하는 것은 아무 의미가 없다."「미키 기요(三木清) 씨에게」

'등불을 높이 들어라'를 현자를 많이 등용하라는 뜻으로 보는 것도 인상 비평이다. 그것이 심독이라고 해도 문학 작품을 해석하는 데는 더욱더 심독하는 기술이 필요하다. 그런 뜻에서 편지의 내용을 오해한 연 나라 재상은 문학 비평가의 재능을 겸비하고 있었을지도 모른다.

6

패배의
미학

태어나서 죽을 때까지 정도의 차이는 있지만

패배를 체험하지 못한 사람은 없을 것이다.

패배한다는 것이 부끄러운 일일까?

패배한 것처럼 보이지만

패배가 승리로 이어지는 경우도 있다.

인생에서 실패를 거쳐야 한다면

오히려 패배를 경험한 사람이 경험하지 않은 사람보다

역경에서 힘을 발휘할 수 있다.

여기서는 서양의 우화와 비교하면서

패배의 의미에 대해 다시 한 번 생각해 보자.

자유와 속박

우리의 낮과 밤은 생활 자체가 다르다. 낮에는 일하고 밤에는 잠을 자는 것이 보통 생활 스타일이다. 물론 반대의 경우도 있다. 그리고 잠을 자면 꿈을 꾼다. 꿈의 세계는 현실과 다른데 정말로 그럴까? 먼저 꿈과 현실을 주제로 한 우화를 읽어보자. 『열자』주목왕(周穆王) 제3편에 있는 이야기이다.

부자와 하인

주 나라 윤(尹)씨는 가업에 열심히 종사했다. 그의 하인들은 아침부터 밤까지 쉬지 않고 일했다. 어떤 노인은 체력이 딸려 일을 하지 못하게 되었는데도 힘든 일을 자꾸 그에게 주었다. 노인은 낮에는 신음해 가며 힘든 노동에 시달렸고 밤에는 지쳐 쓰러져 깊은 잠에 빠져들었다. 노인은 매일 밤 국왕이 되어 백성을 다스리는 꿈을 꾸었다. 한 국가의 정치를 관리하고 궁전에서 즐거운 시간을 보내면서 좋아하는 일은 모두 할 수 있었다. 잠에서 깨어나면 다시 일터로 나가 일을 했다. 그러던 어느 날 어떤 사람이 노인을 위로하자 노인이 말했다.

"사람의 수명은 백 년이고 그중 낮과 밤은 절반씩이라오. 저는 낮에는 하인이 되어 힘들게 일을 하지만 밤이 되면 군주가 됩니다. 그 행복은 세상 어느 것과 비교할 수 없답니다. 그러니 어찌 원한이 있겠습니까?"

이에 반해 윤씨는 세상사에 신경을 써가며 가업에 집중했다. 그래서 몸과 마음은 지칠 대로 지쳐 있었다. 밤에는 피곤에 지쳐 바로 잠이 들어서는 하인이 되어 고된 노동에 시달리는 꿈을 꾸었다. 심한 욕설과 채찍질을 당하며 일만 했다. 잠꼬대와 신음 소리는 아침이 되어야 그쳤다. 이에 윤씨가 고민하며 친구에게 털어놓자 친구는 말했다.

"자네는 충분히 높은 지위와 남아돌아 갈 정도의 재산이 있어 남보다 훨씬 뛰어나지 않은가. 밤마다 하인이 되는 꿈은 고통과 즐거움이 순환하고 있기 때문이라네. 그것이 보편적인 도리지.

네가 현실과 꿈속에서 모두 행복해지고 싶어하는데 왜 생각대로
되지 않는지 이제 알겠나?"

　윤씨는 친구의 말을 듣고 하인에게 할당되는 일을 줄여주었고
신경도 덜 쓰게 했다. 그러자 조금씩 병이 나았다.

　이 이야기는 전반과 후반으로 나뉜다. 전반은 하인의 인생관
에 관한 이야기이다. 낮에 고되고 힘든 노동에 시달리던 하인은
밤마다 국왕이 되어 행복해하는 꿈을 꾼다. 후반은 부자 윤씨의
이야기이다. 낮에는 하인을 혹사시키고 밤이면 하인이 되어 고
통스럽게 일하는 꿈을 꾼다. 그 일을 친구에게 털어놓고 해결 방
법을 찾는다는 이야기이다. 즉, 부자와 하인의 처지가 낮과 밤으
로 뒤바뀌는 이야기이다.

　낮과 밤이 뒤바뀌는 것은 꿈과 현실이 뒤바뀌는 것이기도 하
다. 나카지마 아쓰시(中島敦)는 위의 우화를 토대로 『행복』이라
는 소설을 썼다. 그 소설에도 있는 말이지만 꿈은 낮의 세계보다
한층 더 현실적이다. 인생의 반이 밤이라면 꿈의 세계를 현실이
아니라고 할 수 없다.

　재산 모으기에 급급했던 부자가 하인의 노동량을 줄여주어 병
이 나았다. 그렇다면 고된 노동에서 해방된 하인은 그 후 어떻게

되었을까? 인간의 자유란 무엇을 의미할까? 지금부터 하인의 뒷 이야기를 살펴보자.

가와바타 야스나리(川端康成)의 『모국어 기도』라는 소설이 있다. 주인공인 '그'는 가요코라는 여성과 동거하다 헤어진다. 8년 후 가요코는 '그'가 살고 있는 마을을 선택하여 그의 마음을 헤아린다. 이 소설의 창두에 언어학 보고로 이러한 이야기가 있다.

미국 필라델피아 시 남부에 스웨덴에서 이주해 온 지 5, 6년이 된 노인들이 있었다. 그들은 거의 스웨덴 말을 하는 일이 없었는데 대부분의 노인들이 죽기 직전에 모국어인 스웨덴어로 기도를 한다. 이러한 이야기를 읽고 주인공은 '이렇게 기묘한 사실은 무엇을 의미할까'라며 다음과 같이 생각했다.

'모국어로 기도하는 것은 인간이 오랜 관습에서 벗어나지 못하고 어느 정도의 틀에 얽매여 그 틀에 의지하고 살아가려는 마음가짐의 일종이다.'

가와바타 야스나리의 소설에서 쓰지쿠니오(辻邦生)가 주목된다. 「숙명에 대하여—가와바타 야스나리론(『해변의 묘지에서』)」 중에 가와바타 야스나리의 「숙명적인 긍정」에 대한 글이 있으며 쓰지쿠니오는 다음과 같이 말했다.

가와바타 씨는 작가로 출발할 때 숙명의 밑바닥에 부딪친 작가다. 작가의 길로 재촉한 것은 이러한 숙명으로 '틀에 얽매여 그 틀에 의지하고 살아가려는' 결의라고 생각된다.

가와바타 야스나리의 숙명적인 문제는 그렇다 치고 '틀에 얽매여 그 틀에 의지하고 살고 있다'는 지적은 매우 흥미롭다. 지금부터 '틀에 박힌 것'과 '자유'와의 관계를 설명하고자 한다.

『열자』에 등장하는 하인은 어떻게 행복한 꿈을 꿀 수 있었을까? 그것은 낮에 힘든 노동을 했기 때문이다. 행복하고 편안한 생활을 했어도 같은 꿈을 꿀 수 있었는지는 알 수 없다. 가난한 현실은 풍부한 상상력의 원천이다.

진정한 인간의 자유란 무엇일까. 우리는 이 하인보다 얼마나 자유로울까. 자유로워 보이는 우리의 실제 생활은 눈에 보이지 않는 갖가지 곤궁과 상식, 도덕, 법률에 얽매여 있지는 않은지. 에리히 프롬의 『자유로부터의 도피』를 보면 '남이 나에게 바라는 기대를 그대로 상대방에게 바라게 되는 자아 이외에 또 다른 자아는 존재하지 않는다'라고 했다. 즉, 나는 나라고 생각하고 있지만 실제로는 '남의 기대에 보조를 맞추는 것에 지나지 않는다’ 는 것이다.

인간이 진정으로 자유로워지는 것은 매우 어려운 일이다. 뿐만 아니라 프롬은 『자유로부터의 도피』에서 근대인은 자유를 획득하자 오히려 고독에 빠져 스스로 새로운 속박에 얽매이려 하는 심리적인 경향이 생겨났다고 했다.

인간에게 완전한 자유는 있을 수 없다. 그리고 꿈보다 자유로운 장소는 없다. 폴 니잔은 『앙뜨와누 브로와이에』에서 다음과 같이 말했다.

인간이 완벽하게 자유로워지고 자립하지 않는 한 매일 밤마다 계속 꿈을 꾸게 될 것이다.

폴 니잔처럼 자유의 본질을 훌륭하게 관찰한 사람은 없다. 『열자』에 등장하는 하인은 꿈속에서 완전히 자유였다. 이 꿈속의 자유야말로 인간의 진정한 자유라 할 수 있다. 그것이 힘든 노동의 대가라면 노동의 경감은 무엇을 의미하는지 이미 짐작했을 것이다. 그는 이전과 같이 행복한 꿈을 꾸지 못했을 것이다. 하인은 고된 노동을 했기 때문에 행복한 꿈을 꿀 수 있었다.

노동의 경감은 하인의 행복한 꿈을 빼앗았다. 하인은 국왕이 되는 꿈을 꿀 수 없게 되었다. 그는 원래 인생의 반을 밤이라고 생각했기 때문에 행복한 밤을 빼앗긴 고통에서 노이로제에 걸렸다 해도 과언이 아니다. 또는 '내 자유를 내놔' 라고 다시 고된 노동을 시켜달라고 떼를 쓸지도 모른다.

꿈속의 자유는 고된 노동의 대가였다. 다시 말하면 고된 노동은 하인의 자유를 보증한 것이다. 하인은 가혹한 노동에 '얽매이면서 고된 노동을 의지하며' 살았다. 인간의 자유란 속박과 같다. 속박이 있기 때문에 자유의 의미가 있다. 인간을 얽매이게 하는 것처럼 보이는 것이 인간을 지탱해 주고 있는 것이다.

지는 것이 이기는 것

얽매이는 것이 오히려 삶의 근거라면 패배는 가치있다고 할 수 있다. 『장자』는 패배의 가치를 인정한다. 예를 들어 추수(秋水) 제17편에 외다리 괴물과 지네, 뱀, 바람의 대화를 다룬 우화가 있다. 처음에는 외다리 괴물 지네를 불쌍히 여기고 지네는 뱀을, 뱀은 바람을, 바람은 눈을, 눈은 마음을 불쌍히 여겼다는 대화가 전개된다.

부럽구나

외다리 괴물이 지네에게 말했다.

"나는 한 발로 껑충껑충 걷는단다. 많은 다리로 걷는 네가 부럽구나. 어떻게 그렇게 할 수 있니?”

“부럽기는… 네 침을 봐. 토해낼 때 큰 것은 진주와 같고 작은 것은 안개와 같잖아. 뒤섞여 떨어져 나오는 것은 셀 수 없이 많아. 나는 태어날 때부터 생긴 기능을 움직이고 있을 뿐이야. 왜 나에게 그런 기능이 있는지 그 이유는 몰라.”

외다리 괴물에게 말을 마친 지네가 이번에는 뱀에게 말했다.

“나는 많은 발로 걷는데 너는 발도 없으면서 슬슬 잘도 다니는구나. 네가 부럽구나. 어떻게 그렇게 기어다닐 수 있니?”

“처음부터 생기길 그렇게 생겼는데 어떻게 바꿀 수가 있겠니? 나는 발이 필요없어.”

지네에게 말을 하고 난 뒤 이번에는 뱀이 바람에게 말했다.

“나는 등과 배를 움직여 앞으로 나간단다. 지금 너는 북해에서 출발하여 휙휙 남쪽 바다까지 날아왔구나. 그런데 왜 아무런 형태가 없는 거니?”

“나는 북해에서 휙휙 날아와 남쪽 바다로 왔지. 그런데 네가 지금 나를 손가락으로 찌르면 이길 수 있어. 또 나를 향해 다가오면 역시 나를 이길 수 있지. 하지만 큰 나무를 꺾거나 집을 날리는 일은 나만이 할 수 있단다. 그러니까 작은 패배의 대가로 큰 승리를 얻은 거지. 큰 승리를 얻는 일은 성인(聖人)만이 할 수 있단다."

　외다리 괴물, 지네, 뱀이 각각 자신이 할 수 없는 일을 나열하고 마지막으로 바람이 심판을 내린다는 이야기이다. 이 이야기는 타고난 재질에 만족하고 남을 부러워하지 말라는 것과 무심의 경지에 오른 사람이 승리를 한다는 교훈을 준다.

　이 이야기는 외다리 괴물, 지네, 뱀, 바람의 순으로 선망의 대상이 바뀌는 형식으로 서술되어 있다. 릴레이 형식으로 표현 내용을 서서히 높여 최고조에 이르게 한 것이다. 바람은 최후의 승자가 된다. 이때 다른 동물들의 패배 요인이 바람에게 승리를 가져다 주었다는 사실에 주의해야 한다. 다시 말하면 다른 동물들의 패배는 궁극적인 승리를 유도하기 위한 요소이며 그러한 의미에서 가치가 있다. 점수가 낮은 카드를 여러 장 모으면 높은 점수가 되는 트럼프 게임을 상상하면 이해가 쉽다. 인생을 게임이라고 한다면 점수가 낮은 카드를 유용하게 사용해야 한다. 궁극적인 승리를 선사해 줄 여신일 가능성이 있기 때문이다.

　사소한 패배는 큰 승리로 이어진다는 『장자』의 우화는 패배의 미학을 연구한 것이다.

　『장자』의 우화와 비슷한 이야기가 『이솝 우화집』에 나온다.

타나그라의 수탉이 싸움을 했다. 타고난 기질과 성질이 사람과 비슷한 닭이었다. 패배한 쪽은 만신창이가 된 것이 창피하여 집 안 구석에 몸을 숨기고 있었다. 승리한 닭은 바로 지붕으로 날아올라 날개를 치며 승리의 함성을 질렀다. 그런데 갑자기 독수리 한 마리가 지붕에 오른 닭을 낚아채 날아갔다. 남은 닭은 마음놓고 암탉들과 굳게 약속했다. 「타나그라의 수탉」

패배한 닭이 좋은 상을 받은 것이다. 그러니 당신도 남보다 운이 좋다고 자만해서는 안 된다. 실패가 도움이 된 사람도 많이 있다.

'지는 것이 이기는 것'을 비유한 우화다. 진정한 승리는 마지막까지 알 수 없다. 오히려 패배한 경험으로 새로운 일을 다시 시작할 수 있는 힘이 생긴다.

『장자』는 또 무용의 가치를 인정한다. 인간세(人間世) 제4편에 다음과 같은 이야기가 나온다.

쓸모없기 때문에 장수한다

대공 동양(棟梁)의 석(石)이 제 나라에 갔다. 곡원(曲轅)에 도착하자 절에서 상수리나무를 보았다. 이 나무의 크기는 소 떼를 뒤덮을 정도였다. 나무의 높이는 산을 내려다볼 정도였으며 헤아릴 수 없는 높이에 가지가 뻗어 있었다. 그 나무로 배를 만들어도 수십 척은 만들 수 있었다.

구경꾼이 시장에 몰려든 것처럼 모여들었다. 그러나 동양은 둘러보지도 않고 그대로 지나쳤다. 제자는 그 나무를 자세히 구경하다 동양에게 달려가 말했다.

"제가 도끼를 들고 선생님의 뒤를 따른 뒤 이렇게 훌륭한 나무는 이제껏 본 적이 없습니다. 그런데 스승님께서는 보려고도 하지 않으시고 그냥 지나치시는 이유가 무엇입니까?"

"그만두어라. 아무 말도 하지 말거라. 저 나무는 아무런 도움도 안 된다. 배를 만들면 가라앉을 것이고 관을 만들면 금방 썩을 것이다. 도구를 만들면 바로 부서질 것이며 문을 만들면 나무에서 진이 나오고 기둥을 만들면 벌레에게 먹힐 것이다. 전혀 쓸모가 없는 나무다. 쓸모가 없기 때문에 이렇게 오래 살 수 있었던 것이다."

이 이야기는 처음에 대공의 동양이 훌륭한 상수리나무를 보고도 관심을 보이지 않자 제자가 그 이유를 묻는다. 제자의 관점에서는 좋은 재목이 될 것 같은 큰 나무를 무시하는 동양이 이상해 보였을 것이다. 마지막에 제자의 질문에 대한 동양의 대답이 나온다. 언뜻 훌륭해 보이는 나무이지만 실제로는 아무 쓸모도 없다고 한다. 재목의 가치가 없고 아무 쓸모가 없는 나무이기 때문에 장수할 수 있었다는 것이 동양의 견해다. 이러한 사고방식은 반대로 쓸모있는 것이 오히려 수명이 짧다는 말이 된다. 인간세 제4편에 다음과 같은 글이 있다.

쓸모있기 때문에 죽었다

산의 나무는 쓸모있기 때문에 베어낸다. 그것은 스스로 불러들인 비극이다. 등불은 밝게 비추기 위해 타고 있다. 이는 스스로 자신을 태우고 있는 것이다. 계수나무는 식용으로 사용하기 위해 베어내고 옻나무는 도료로 사용하기 위해 베어낸다. 세상 사람들은 모두 쓸모있는 것의 가치는 알지만 쓸모없는 것의 가치는 모른다.

사람들은 쓸모있는 것은 좋고 쓸모없는 것은 나쁘다는 것을 상식으로 알고 있다. 하지만 어떤 것이 쓸모있는지를 결정하기란 쉽지 않다. 상식은 언제나 의심하고 봐야 한다.

장자는 보통 상식이라고 여기는 것을 부정적으로 본다. 사물의 가치를 바꾸어 인간 존재에 새로운 의미를 부여한다. 후쿠나가코지(福永光司)는 『장자』 중에 「무용의 용」의 기본을 '반역과 부정의 정신'이라고 했다.

무용한 것이 쓸모있고, 쓸모있는 것은 화를 입는다. 패배가 승리로 뒤바뀌면 승리도 다시 패배로 뒤바뀔 수 있다. 여기서 제1장의 '운명 역전'에 등장한 노인을 떠올려 보자. 그는 말이 도망치고 자식이 말에서 떨어져 골절을 당하고 전쟁이 일어나도 동요하지 않았다. 그러한 태도를 취할 수 있던 것은 '무용의 용'을 마음속 깊은 곳에서 믿고 있었기 때문이다. '무용의 용'을 말하는 『장자』의 우화와 비슷한 이야기를 『이솝 우화집』에서 찾는다면 「어부와 물고기」를 꼽을 수 있다.

어부가 그물을 던지고 잠시 후 끌어 올린 그물 안에는 가지각색의 물고기로 가득 찼다. 작은 물고기는 그물 바닥으로 도망치거나 그물의 구멍 사이로 도망쳤다. 그러나 큰 물고기는 도망치지 못하고 잡혔다.

작은 것은 안전하고 재난을 피하기 쉽다. 그러나 큰 것은 위험에서 빠져나갈 수 있는 경우가 드물다.

프랑스의 우화 시인 라퐁텐의 『우화』 중 「쥐와 족제비의 대결」은 위의 이야기와 비슷하다.

쥐와 족제비가 대결하여 쥐가 패배한다. 귀족이었던 쥐는 머리를 영예의 깃털로 장식하여 도망치는데 여간 거추장스러운 것이 아니었다. 그래서 모두 죽고 만다. 한편 하층 계급이었던 족제비는 몸이 가벼워 도망치는 데 성공했다. 이와 같이 패배는 결코 비참한 것이 아니라는 사실을 우화를 통해 다시 깨닫게 된다.

다른 예를 들어보자. I·A·크릴로프 『러시아 우화』의 후기에 보면 러시아 작가 크릴로프의 우화 시집은 이중 검열을 받았다고 한다. 한 번은 관헌(官憲)에서 또 한 번은 도서관에서 근무하는 크릴로프의 상사 A·N·오레닌에게 검열을 받았다. 그리고 다음과 같은 말이 적혀 있다.

이러한 검열이 크릴로프가 우화시를 창조하는 데 유용하게 작용했다는 생각이 문득 든다. 검열과의 기묘한 격투로 크릴로프는 자신의 생각을 우화시 안에 담을 수 있었다.

검열이 오히려 작품의 내용을 변화시켰다고 보는 것은 매우

날카로운 지적이다. 크릴로프는 패배(두 번의 검열)를 문학 창
조의 에너지로 전환시켰다. 이러한 예도 패배가 승리하는 데 큰
도움을 준 전법의 하나다.

추한 것의 가치

중국 문학자 아오키 마사루(靑木正兒)는 『강남춘(江南春)』의 「회사쇄언(繪事瑣言)」에 수록된 '추(醜)의 예술미'라는 문장에서 다음과 같이 말했다.

추의 예술미(藝術味)는 노장적 사상에서 나온 것이며 지방예술(支邦藝術)이 추(醜)를 그리는 이유는 '미(美)'를 표준으로 하는 서양 근대 예술과는 달리 '진(眞)'을 추구하는 것을 목적으로 하기 때문이라고 했다. 예술은 '미'에서 '진'으로 다가가야 한다는 것이 아오키 마사루의 주장이다.

추한 것을 재료로 한 문학과 예술이 있다. 지금부터 추함의 가치를 인정한 우화를 소개한다.

미추 중 어느 쪽을 더 선호할까. 일반적으로 추한 것보다 아름다운 것을 선호할 것이다. 그러나 『장자』 산목 제20편에 추한 것에 손을 들어준 우화가 있다.

미녀와 추녀

양자(陽子)는 송 나라의 한 여관에서 묵게 되었다. 그 여관 주인에게는 첩이 두 명 있었다. 한 명은 아름다웠으며 다른 한 명은 추하고 못생겼다. 그런데 주인은 추한 여인은 소중히 하면서 아름다운 여인은 멸시했다. 양자가 그 이유를 묻자 여관의 젊은 주인은 다음과 같이 말했다.

"아름다운 여자는 스스로 자신이 아름답다고 여깁니다. 그러나 저는 그렇게 생각하지 않습니다. 추한 여자는 스스로 자신이 추하게 생겼다고 생각합니다. 그러나 저는 추하다고 생각하지 않습니다."

주인의 이야기를 들은 양자는 제자들에게 말했다.

"여러분, 기억해 두십시오. 품행이 뛰어난 사람이 스스로 자신이 뛰어난 사람이라고 여기는 태도를 취하지 않는다면 어디를 가든 사랑받을 것입니다."

자신의 아름다움을 자만하며 잘난 체하는 미인보다 자신의 처지를 잘 아는 추녀를 더 존중했다는 이야기이다. 양자는 전국 시대의 사상가 양주(楊朱)를 말한다. 이 이야기는 겸허한 사람은 존경받고 오만한 사람은 멸시받는다는 교훈을 준다.

용모가 아무리 수려해도 지성이 전혀 없으면 추하게 보인다. 남성은 어떠할까. 『장자』 인간세 제4편에 다음과 같은 이야기가 있다.

어느 장애자의 운명

지리소(支離疏)라는 사람이 있었다. 턱은 배꼽에 붙었고, 어깨는 정수리보다 높고, 상투는 뾰족하게 하늘을 가리켰다. 오장은 머리 위에 있고, 허리는 두 넓적다리 사이에 있었다. 그래도 삯바늘질과 남의 빨래를 하면서 충분히 생계를 이어갈 수 있었다. 점을 치는 일만으로도 열 식구는 먹여 살릴 수 있었다.

지리소는 나라에서 병사를 징집할 때 의젓하게 거리를 활보하고 다녔다. 정부에서 큰 토목 공사를 벌일 때도 불치병에 걸렸다는 이유로 일을 시키지 않았다. 정부에서 병자에게 식량을 지급할 때는 일급 빈민으로 분류되어 많은 양식과 땔감을 받았다. 육체가 불편한 사람도 스스로 먹고 살 수 있으며 타고난 수명대로 살 수 있다. 하물며 신체가 멀쩡한 사람은 어떠하겠는가.

신체 장애자라는 이유로 병역이 면제되고 우대받아 천수를 누렸다는 이야기이다. 이 이야기는 지리소라는 장애자를 예로 들어 사회적인 도덕의 틀을 깼다는 것은 추악함 속에 인간의 진실이 숨어 있다는 것을 시사한다.

『장자』에는 장애자를 주제로 한 우화가 많이 나오는데 장애자와 약자를 동일하게 생각하지 않았다. 오히려 장애자를 우러러보고 있다. 건일부(乾一夫)『성현(聖賢)의 원상(原像)—중국 고대 사상 연구 서설』에 따르면 중국 고대 사상계를 이끈 것은 신체 장애자 집단이었다고 한다.

장자는 추악한 것에서 아름다움을 찾는 경향이 강하다. 후쿠나가 고우지(福永光司)는『장자』내편(內篇)에서 '장자의 그로테스크(괴기한 것, 극도로 부자연스러운 것, 흉측하고 우스꽝스러운 것 등을 형용하는 말—역주)적인 기호, 심상치 않은 것에 대한 동경'을 지적하고 다음과 같이 말했다.

장자의 기질과 성격 안에는 정통적이고 정상적인 것에 대한 반발과 저항이 있는데 이것은 그의 사상의 근본적인 특징이다.

장애자를 찬미하고 추악함에서 가치를 인정하는 장자의 사고 방식에는 통상적인 상식에 대한 저항 정신이 존재한다.

위의 이야기에서 빅토르 위고의 『노틀담의 꼽추』에 등장하는 콰지모도가 떠오르는 사람이 있을지도 모른다. 추하게 생긴 콰지모도는 미인 에스메랄다를 낚아채 갔다는 죄로 채찍질을 당한다. 이때 목이 말라 고통스러워하는 콰지모도에게 물을 건네주는 사람은 에스메랄다였다.

콰지모도는 그녀의 친절한 마음을 평생 잊지 못하고 그녀를 위해 온 정성을 다한다. 콰지모도는 무덤에서 에스메랄다의 해골을 꼭 껴안고 죽어간다. 콰지모도를 사랑의 순교자라고 한다면 아무도 그가 불행하다고 생각하지 않을 것이다.

『이솝 우화집』에도 추한 것에 가치를 두는 우화가 있다.

목이 마른 사슴이 샘터를 찾아왔다. 사슴은 물에 비친 자신의 근사한 뿔을 보고 흐뭇해했다. 그러나 가늘고 약한 다리를 보니 자신이 애처로워 보여 견딜 수가 없었다. 생각에 잠겨 있는 사이 어디선가 사자가 나타나 뒤쫓아왔다. 사슴은 단숨에 도망쳐 사자를 멀리 따돌렸다.

사슴은 나무가 없는 평원을 앞질러 달릴 때는 괜찮았는데 수

목이 우거진 곳에 다다르자 뿔이 나뭇가지에 걸려 도망가지 못해 결국 사자에게 잡히고 말았다. 사슴은 잡아먹히기 직전에 혼잣말로 말했다.

"아아, 한심하다. 도움이 되지 않는다고 생각했던 것이 나를 살렸는데… 가장 믿고 의지했던 것이 나를 죽이는구나."

이와 같이 위험에 처했을 때 믿지 않았던 친구가 도움을 주고 신뢰가 두터웠던 친구가 배신자가 되는 경우가 종종 있다.

초라하고 보잘것없는 다리에 도움을 받고 멋지고 아름다운 뿔에 배신을 당하는 사슴 이야기에는 추악한 존재를 긍정하는 강한 의지가 살아 있다. 이 우화의 작자인 이솝 자신도 추하고 못생겼다고 한다. 그러나 그의 추한 외모와는 달리 내면은 지성으로 가득 차 있었다.

변신 우화

추한 것의 가치에 대한 우화를 들어보았다. 추함이 아름다움으로 변신하는 우화는 세계적으로 널리 퍼져 있다. 참고로 변신 우화에 어떤 것이 있는지 살펴보자.

우선 서양의 우화를 살펴보자. 독일에는 『그림 동화집』에 「개구리 왕자」가 있다. 내용을 요약하면 다음과 같다.

어떤 임금님의 막내 공주는 성에서 가까운 숲에서 황금 공을 가지고 놀다 그만 우물에 빠뜨리고 만다. 이때 개구리가 나타나 자신을 사랑해 주면 황금 공을 찾아주겠노라고 약속한다. 공주는 개구리와 약속을 하고 황금 공을 찾는다.

그러나 공주는 황금 공을 되찾자 개구리를 그곳에 둔 채 궁으로 돌아간다. 개구리가 성까지 찾아와 문을 두들기자 임금은 약속을 지켜야 한다며 문을 열어준다. 공주는 마지못해 개구리의 요구를 들어주었다.

개구리가 공주와 같이 자고 싶다고 하자 공주는 화가 나 개구리를 벽에 힘껏 던져 버린다. 그러자 개구리는 멋진 왕자의 모습으로 변한다. 왕자는 악한 마녀의 마법에 걸려 있었던 것이다.

다음날 아침, 하인리히라는 충신이 마차로 왕자와 공주를 마중 나왔다.

덴마크에는 『안데르센 동화집』에 「미운 오리새끼」가 있다. 형제들에게 미움을 받던 미운 오리새끼가 성장하여 백조가 된다는 이야기이다.

가장 아름답다는 소리를 듣게 된 미운 오리새끼는 다음과 같이 소리 높여 말했다.

"내가 미운 오리새끼였을 때는 이런 행복을 꿈에도 생각지 못했다."

프랑스에는 「미녀와 야수」가 있다. 오자와 도시오(小澤俊夫) 편 『세계의 민화 2』에서 줄거리를 소개하겠다.

어떤 상인에게 딸이 셋 있었다. 상인이 여행을 떠날 때면 두 딸은 언제나 많은 선물을 요구했다. 그러나 아름다운 막내딸은 장미 꽃 한 송이만 부탁했다.

돌아오는 길에 숲 속에서 길을 잃은 상인은 성에서 하룻밤을 보낸다. 다음날 화단에서 장미꽃을 꺾자 야수가 나타났다. 야수는 화를 내며 장미꽃을 꺾은 죄 값으로 상인의 목숨 대신 딸을 넘겨주는 교환 조건을 내세웠다.

상인이 집에 도착하여 숲 속에서 있었던 일을 이야기하자 아름다운 막내딸이 성으로 가겠다고 결심한다. 그렇게 성안에서 미녀와 야수의 생활이 시작된다.

딸은 추하게 생긴 야수에게 따뜻한 마음이 있다는 것을 알지만 청혼을 거절한다. 아버지가 병에 걸렸다는 소식을 듣고 일주일만 집에 다녀오겠다는 약속을 하고는 집으로 돌아온다.

막내딸은 언니들의 만류에 일주일이 훨씬 지나 성으로 돌아가 보니 야수가 정원에 쓰러져 죽기 직전이었다. 이에 막내딸이 야수에게 달라붙어 결혼을 승낙하자 추하던 모습이 멋지고 아름다운 왕자의 모습으로 바뀌었다. 왕자는 마법에 걸려 아름다운 여인이 결혼을 승낙할 때까지 추한 모습을 하고 있었다. 두 사람은 결혼하여 행복하게 오래오래 살았다.

베치 한 『미녀와 야수—텍스트와 이미지의 변천』에서 위의 이
야기를 분석했다. 도시에서 시골로, 시골에서 숲으로 혹은 정원
으로 바뀌는 것은 외면적인 세상이라는 영역에서 내면적인 개인
의 영역으로 전진하는 것을 나타내며 장미는 사랑과 고통을 상
징한다. 야수의 정원에는 아담과 이브가 만났다는 성서적인 의
미가 포함되어 있다는 것 등을 논하고 있다.

일본에도 「우렁이 아들」이 있다. 세키 게이코(關敬吾) 『일본
옛날이야기 전집』에 있는 내용을 요약해 본다.

옛날 자식이 없는 부부가 수신(水神)에게 자식을 점지해 줄
것을 부탁했더니 우렁이 아들이 생겼다. 우렁이 아들은 장자의
딸과 결혼하고 싶어했다. 그는 장자의 집에 머무르던 날 밤, 쌀
을 장자에게 맡겼다. 그리고 만일 쌀을 분실할 경우 자신이 좋
아하는 것을 갖기로 약속했다.

한밤중에 우렁이 아들은 선반 위에 올려놓았던 쌀을 내려 처
녀의 방에 살짝 들어가 처녀의 입술 주위에 쌀을 붙여놓았다.
다음날 아침 처녀가 쌀을 먹었다고 소동을 피우고 약속대로 자

신이 좋아하는 처녀를 데리고 집으로 돌아왔다.

씨신(氏神) 축제 때 우렁이 아들이 처녀의 머리에 앉아 외출을 했는데 그때 새 한 마리가 날아오는 바람에 밭에 떨어지고 만다. 처녀가 우렁이 아들을 찾으려는데 뒤에 멋지게 생긴 젊은이가 서 있었다. 우렁이는 젊은이의 가짜 모습이었다. 처녀의 정절로 사람으로 되돌아온 것이다. 새는 수신의 하인이었다.

「우렁이 아들」에서는 마법을 사용하지 않았다. 이것이 그리스도교 문화권 우화와의 차이다. 추한 모습에서 아름다운 모습으로 변신하는 우화에는 언제나 아름다움에 대한 동경이 잠재해 있다. 여기에는 추한 것의 존재 비중이 크다.

그렇다면 추한 모습 그 자체에는 전혀 가치가 없을까. 꼭 그렇다고는 할 수 없다. 예를 들어 「미녀와 야수」가 '겉모습의 아름다움보다 마음씨가 더 소중하다는 것을 깨우쳐 주는 교훈(베치한 『미녀와 야수』)' 에 지나지 않는다면 이 이야기는 작품 자체가 그러한 교훈을 부정하고 있다. 베치 한이 언급했듯이 변신한 왕자는 야수보다 인상이 거의 남지 않기 때문이다.

멋진 왕자보다 추한 야수가 사실적이고 매력적이다. 이것은 「우렁이 아들」도 마찬가지다. 우렁이 아들이 계략을 꾸며 자신이 좋아하는 처녀를 얻을 수 있었다는 사실이 재미있다. 이때 우렁이 아들의 모습은 변신 후의 멋진 젊은이의 모습보다 생동감이 있다.

외모와 마음의 관계는 '외모보다 마음이 더 소중하다' 고 간단히 단정 지을 수 있는 문제가 아니다. 단지 외모는 마음을 담는 그릇이 아닐까. 스잔 손타그는 「양식에 대하여」에 '대부분 어떠한 경우라도 외모는 사람들의 존재 방법이라 할 수 있다. 즉, 가면은 얼굴이다' 라고 적고 있다. 그리고 장 콕토의 『미녀와 야수—어느 영화의 일기』에 야수를 연기한 장 마레는 '야수로 분장을 하고서야 야수의 성격으로 바뀌었다' 라고 흥미로운 사실을 알려주었다. 이것은 외모 자체가 하나의 자기 주장이며, 다른 변수로 바꿀 수 없다는 것을 이야기한다. 그리고 이렇게 생각했을 때 『장자』에 등장하는 추한 주인공의 존재가 중요한 의미를 갖게 될 것이다.

『장자』에 나오는 여관의 추녀나 장애자 지리소는 결코 변신하지 않는다. 여기에 『장자』의 독특한 미추관(美醜觀)이 표명된다. 그것은 추한 것은 그 자체로 가치가 있다는 생각이다. 아름답게 변신하는 것을 거절함으로써 추한 것에서 가치를 찾고 있다. 서양과 일본의 미추 관념과 비교할 때 중국적 사고의 독자적인 의의를 인정할 수 있다.

이상 추구

오이디우스의 『변신 이야기』 권8편 「다이달로스와 이카로스」에 따르면 인공 날개로 하늘을 나는 이카로스는 태양에 너무 가까이 다가선 나머지 날개를 붙일 때 사용한 밀랍이 녹아 바다 속으로 추락했다고 한다. 높은 하늘을 날고 싶다는 소망은 인류의 공통된 소망일지도 모른다. 『열자』 탕간(湯間) 제5편에도 태양과 겨룬 인간의 이야기가 있다.

태양의 추적

과부(夸夫)는 자신의 분수도 모르고 태양이 저무는 장소까지 뒤쫓아갔다. 목이 말라 황하(黃河)와 위수(渭水)로 가서 물을 마셨는데 그 물만으로는 부족하여 북쪽의 큰 연못을 찾아 북쪽으로 출발했다. 그러나 도착하기도 전에 그는 목이 말라 죽고 말았다. 그곳에 버려진 지팡이는 과부의 썩은 사체가 땅에 영양을 주어 유자나무 숲이 되었다. 유자나무 숲의 넓이는 수천 리나 되었다.

과부는 전설 속의 인물로 태양과 경주하다 목이 말라 죽었다는 이야기이다. 태양과 경주하는 것은 상식적으로 있을 수 없는 일로 실력도 없으면서 기상천외한 계획을 세우는 어리석은 인간을 풍자한 이야기이다.

태양과 경주하는 것은 무모한 일이나 한편으로는 과부의 웅대한 뜻을 나타낸다. 과부의 뜻은 좌절했지만 그 유지(遺志)는 유자나무 숲이 되어 결실을 맺었으며 후세의 사람들에게는 은혜를 베풀었다.

태양은 시간을 상징한다. 인간은 한정된 시간 안에서만 살 수 있다. 과부가 태양과 경주한 것은 태양을 따라잡아 시간의 흐름을 멈추게 함으로써 영원한 생명을 얻고자 한 것인지도 모른다. 즉, 이상의 추구이기도 하다. 과부는 시간과의 싸움에서 패배했지만 이는 용기있는 도전이라 할 수 있다.

이 이야기는 실패를 두려워하지 말고 큰 목적을 향해 전진해야 한다는 교훈을 준다. 과부는 이상을 추구하다 실패했다. 추구하는 것이 없다면 패배도 없다. 즉, 과부의 패배는 이상을 추구했다는 사실을 증명한다.

패배 안에 미의 존재가 있다.

7

죽음의
시선

사람은 일생을 살아가면서
어떠한 일이 일어날지 전혀 알 수 없다.
그러나 한 가지 확실한 것은 언젠가는 죽는다는 점이다.
직면했을 때 불안과 공포에 떨지 않는 사람은 없을 것이다.
죽음은 갑자기 찾아오지 않는다.
인간은 이 세상에 태어났을 때부터 죽음을 향하여 달리고 있다.
로버트 카스텐바움의 『죽는 순간의 심리』에는 깍꿍 놀이
(peek-a-boo, 숨어 있다가 아이를 놀리는 게임—역두)나
숨바꼭질 놀이는 존재하지 않는다.
다음으로 죽음의 작은 실험이라는 아다모리의 지적을 소개한다.
모리가 말하는 'peek-a-boo'는
'삶과 죽음'을 의미하는 영어에서 유래한 말이다.
죽음은 유아기부터 인식한다.
셰익스피어의 『햄릿』에서 햄릿은 담담하게 말한다.
'죽음은 잠에 지나지 않는다. 그뿐이다.'
그러나 '여행을 떠나 다시는 되돌아올 수 없는 미지의 세계'에
대한 불안은 죽음을 결단할 수 없게 만들었다.
우리는 죽음이라는 피할 수 없는 사건에 어떻게 맞서야 할까.
지금부터 죽음에 대한 여러 가지 사고방식을 조사해 보자.

인생은 꿈이다

먼저, 꿈과 현실의 관계에 대한 우화를 소개한다. 『장자』 제물론(齊物論) 제2편에 나오는 이야기이다.

나비는 즐거워

옛날 장주(莊周)는 나비가 되는 꿈을 꾸었다. 팔랑팔랑 춤을 추는 나비였다. 그는 즐거운 마음으로 너무 기뻐한 나머지 자신이 장주라는 사실을 잊고 있었다.

그러나 잠에서 깨어보니 자신은 나비가 아니라 틀림없이 장주였다. 장주는 자신이 나비가 된 꿈을 꾼 것인지 나비가 장주가 된 꿈을 꾼 것인지 분간할 수가 없었다. 하지만 장주와 나비

를 분간할 수 있는 무언가가 있었을 것이다. 이것을 변화라고
한다.

　장주가 나비가 된 꿈을 꾸다 잠에서 깨어보니 꿈과 현실을 구
분할 수 없었다는 이야기이다. 우리는 보통 꿈의 세계를 비현실
적인 것으로 본다. 그러나 꿈의 세계가 현실이라면 현실도 꿈의
세계가 될 수 있다. 우리가 삶을 기뻐하고 죽음을 슬퍼하는 것은
삶을 현실로 생각하기 때문이다. 인생이 꿈이라면 죽음을 슬퍼
할 필요는 없다. 그렇다면 꿈과 현실을 구별하는 것은 어떤 의미
가 있을까. 만물은 유전(流轉)한다. 큰 변화의 한 흐름에 지나지
않는다.

　셰익스피어도 인생을 꿈으로 본다. 『폭풍우』 중에 프로스페로
는 '우리는 꿈과 같은 실로 짜여져 있다. 보잘것없는 일생은 잠
으로 인생을 마감한다' 라고 했다. 그 밖에 칼데론의 『인생은
꿈』이라는 희곡이 있는데 그중에 세히스문드는 '인생은 덧없는
것이다', '인생은 꿈이다' 라고 했다.

기의 변화

『장자』에는 장자의 사생관(死生觀)을 표현한 문장이 많다. 처가 죽었을 때, 장자는 어떠한 태도를 보였을까. 『장자』 지락(至樂) 제18편에 다음과 같이 적혀 있다.

장자의 처가 죽었다

장자의 처가 죽었다. 혜자(惠子)가 조문하러 갔을 때 마침 장자는 양쪽 다리를 앞으로 뻗고 큰 대접을 치며 노래하고 있었다. 이 모습을 본 혜자는 다음과 같이 말했다.

"결혼해서 자식도 모두 성장하니 이제 늙은 몸이 되었구나. 사람이 죽었는데 대성통곡도 하지 않고… 잔인하구나. 게다가 대접을 치며 노래까지 하다니… 정말로 잔인하도다.”

혜자의 말을 들은 장자는 다음과 같이 대답했다.

“그렇지 않네. 처가 막 죽었을 때 너무 슬퍼 마음이 찢어질 듯했네. 그런데 인간의 시작을 생각해 보니 처음부터 생명이 없지 않았는가. 생명이 없었을 뿐더러 원래 형태도 없었다네. 그뿐인가? 기(氣)도 없었네. 그리고 어느새 변화가 시작되어 기가 생겨나고 형태가 보였지. 형태가 변화하여 생명이 탄생한 것이고, 지금은 또 변화하여 죽음의 세계로 간 것일세. 이 모든 것이 서로 춘하추동의 사계를 이동하면서 순환한 것이지. 아내는 큰 방에서 편안하게 잠들어 있네. 아내 옆에 달라붙어 앉아 대성통곡을 하는 행위는 천명을 이해하지 못한 자나 하는 행동일세. 그래서 우는 것을 그만두었다네.”

처가 죽었을 때 장자는 노래를 부르고 있었다. 혜자가 그 모습을 보고 비난하자 장자가 자신의 사생관을 이야기해 준 내용이다.

혜자는 논리학자이며 장자의 친한 친구였다. 이 내용에서는 사람의 생명을 ‘기’로 설명하고 있는 부분이 특징적이다. 기가 모이면 생명이 태어나고 기가 멀어지면 생명을 잃는다. 즉, 죽음이란 기가 변화한 상태에 지나지 않으며 그 변화는 사계의 변화와 같이 자연 현상이다. 그러므로 장자는 아내의 죽음에 한 번은 동요했지만 그것을 편안하게 받아들일 수 있었다.

사람의 생명을 '기'로 설명하는 표현은 지북유(知北遊) 제22편에도 있다. 거기에서는 죽음과 삶을 동일하게 생각하기 때문에 슬퍼하지 않는다고 했다.

장자는 삶과 죽음은 기의 변화에 따라 순환하는 자연 현상이라고 했다. 삶에서 죽음으로 변하는 것이 필연적이라면 죽음은 삶의 일부가 된다. 쇼펜하우어의 『의지와 표상의 세계』에 다음과 같은 내용이 있다.

탄생과 죽음은 서로 같은 방법으로 삶에 속해 있으며 삶의 현상 전체가 양극으로 나누어져 균형을 이루고 있다.

죽음은 개체의 소멸이다. 그러나 쇼펜하우어는 개체의 죽음은 자연에 영향을 주지 않는다고 했다. 자연이 요구하는 것은 종의 보존뿐이다. 쇼펜하우어는 죽음을 배설로 예를 들어 다음과 같이 말했다.

배설할 때 속이 편안한 것처럼 죽음도 망설여서는 안 된다.

따라서 이러한 처지라면 한 개체가 된 자신이 언제까지나 살아 있기를 원하는 것은 바보 같은 생각이다. 개체는 언젠가는 다른 개체에 의해 바뀐다. 항상 새롭게 바뀐 신체의 물질이 영원하기를 바라는 것처럼 바보 같은 것은 없다.

위의 내용에서 연상되는 우화가 있다. 제 나라 경공(景公)이 우산(牛山 : 산동성(山東省) 임치현(臨淄縣)의 남쪽 산)에 올랐을 때의 이야기이다.

경공은 북쪽의 방각에 있는 마을을 내려다보고 언젠가는 이 아름다운 나라를 버리고 죽어야 한다는 자신의 운명에 비관하며 눈물을 흘렸다. 이때 두 중신이 경공과 함께 눈물을 흘렸는데 재상인 안자(晏子)만이 웃고 있었다. 경공이 그 이유를 묻자 안자는 다음과 같이 대답했다.

"현자가 언제까지나 나라를 지킬 수 있다면 태공망(太公望)과 환공(桓公)은 언제까지라도 나라를 지키려 했을 것입니다. 용자(勇者)가 언제까지나 나라를 지킬 수 있다면 장공(將公)과 영공(靈公)은 언제까지라도 나라를 지키려 했을 것입니다. 이 모든 분들이 나라를 지키려고 한다면 주군은 어떻게 지금의 자리를 차지하고 세상을 다스릴 수 있게 되었을까요. 순서대로 왕이 되고 또 순서대로 왕의 자리에서 물러났기 때문에 이번에는 주군의 순서가 온 것입니다. 그런데 어찌하여 주군만 죽고 싶지 않다고 눈물을 흘리십니까.

여상(呂尙) 태공망은 주 나라 문왕의 현신(賢臣)으로 문왕의 아들 무왕(武王)을 돕는다. 그는 제 나라에 영지(領地)를 받아 제 나라 초대 군주가 된다. 환공, 장공, 영공은 모두 제 나라 군주다. 이 이야기는 『안자춘추(晏子春秋)』 내편간상 제1편의 「경공등우산비거국이사안자간제17(景公登牛山悲去國而死晏子諫第17」에 있다.

『안자춘추』는 춘추 시대 제 나라의 재상 안영의 언행을 기록한 책이다. 경공은 '사람에게 죽음이 없으면 얼마나 좋겠는가' 하고 생각했다. 그러나 안자는 사람에게 죽음이 없다면 어떻게 될지를 경공에게 제시하여 죽음을 슬퍼하는 어리석음을 깨닫게 했다.

"개체는 언젠가는 다른 개체에 의하여 바뀐다."

경공은 과거 사람들이 죽었기에 군주의 자리에 앉을 수 있었다. 생명을 유지하기 위해서는 신진대사가 불가결한 것처럼 개체의 죽음은 새로운 삶을 받아들이기 위해 필요하다. 그것은 자연의 법칙에 가장 적합하기 때문이다.

죽음의 쾌락

햄릿의 대사처럼 죽었다 다시 살아난 사람은 한 명도 없었다. 햄릿은 사후 세계에 대한 불안 때문에 비참한 인생이라도 집착을 버릴 수 없었다. 만일 죽음의 세계가 즐거운 곳이라면 햄릿은 삶과 죽음을 놓고 고민하지 않았을 것이다. 『장자』 지락 제18편에 다음과 같은 이야기가 있다.

해골의 고백

장자가 초 나라에 갔을 때였다. 살이 떨어져 나가 뼈만 앙상한 해골을 발견했다. 장자는 해골을 채찍으로 치며 물었다.

"당신은 삶에 욕심을 부려 도리를 잃고 이렇게 되었습니까?

아니면 나라를 망하게 하여 처형당해 그렇게 되었습니까? 그것도 아니면 나쁜 일을 저질러 부모 처자 보기에 민망하여 이렇게 되었습니까? 아니면 굶주림과 추위로 이렇게 되었습니까? 아니면 수명이 다하여 이렇게 된 것입니까?"

말을 마친 장자는 해골을 베고 잠이 들었다. 한밤중에 해골이 꿈에 나타나 말했다.

"당신의 이야기는 마치 변론가와 같습니다. 당신의 말을 들어보니 역시 살아 있는 사람이 하는 고민이군요. 저승에는 그러한 질문이 없습니다. 당신은 저승에 대해 알고 싶지 않습니까?"

"네. 알고 싶습니다."

"저승에는 위로는 군주도 없고 아래로는 신하도 없습니다. 그리고 사계절도 없고 온 천지가 자신의 수명이 됩니다. 제왕의 자리에 오르는 기쁨도 저승 세계의 즐거움에 견줄 수 없습니다."

장자는 믿을 수 없다는 듯이 말했다.

"내가 생명을 지배하는 신에게 명령하여 당신의 형체를 복원하고 당신의 뼈와 살, 그리고 피부를 만들어 당신의 부모 처자가 있는 고향으로 되돌아갈 수 있도록 할 수 있다면 당신은 그러고 싶습니까?"

해골은 미간을 찌푸리며 말했다.

"제가 어찌 제왕 자리에 오른 기쁨을 버리고 다시 이승의 고
통을 경험하려 하겠습니까?"

이 이야기는 두 단락으로 나뉜다. 전반에서는 장자가 여행 중
에 해골을 발견하고 여러 사인을 나열하며 묻는다. 장자가 상상
한 사인은 대부분이 불길한 일이었다. 그것은 장자가 죽음을 고
통으로 생각했다는 증거이기도 하다.

후반에서는 장자가 해골과의 대화를 통해서 저승은 즐거운 곳
이라는 것을 깨닫는다. 죽음을 고통으로 여긴 장자의 생각과 달
리 해골은 저승이 얼마나 즐거운 곳인가를 알려주고 있다. 그러
나 장자는 믿지 않는다. 그래서 마지막으로 비장의 카드를 사용
한다. 그것은 해골을 환생시키는 일이었다.

죽은 사람이 다시 살아나는 것보다 큰 기적은 없으며 죽은 사
람에게도 이보다 큰 유혹은 없을 것이라 생각했다. 해골이 그 유
혹을 받아들이면 죽음이 즐거운 것이라고 한 주장도 공론에 지
나지 않는다는 결론이다. 그러나 해골은 장자의 제안을 단호하
게 거절한다.

해골이 삶에 집착하는 사람으로 연기한 장자를 부정했다는 사
실이 흥미롭다. 게다가 장자와 해골의 대화가 장자의 꿈에서 일

어났다는 설정도 흥미롭다. 꿈에서 깨어났을 때 장자는 무슨 생
각을 했을까? 아니, 장자는 꿈에서 깨어날 수 있었을까? 이 이야
기는 죽음의 쾌락에 대해 독자들에게 생각할 수 있는 여유를 주
고 있다.

죽음은 즐거운 것이라는 사고방식은 죽음을 휴식으로 보는 사
고방식과 같다. 『장자』 대종사(大宗師) 제6편에 다음과 같은 말
이 나온다.

대지로 걸어다닐 수 있도록 인간이라는 형태를 주었고, 사
람을 고생시키기 위해 삶을 주었으며, 사람을 즐겁게 해주기
위해 늙음을 주었고, 사람에게 휴식을 주기 위해 죽음을 주었
다. 그러므로 잘 살아가는 것이 잘 죽는 방법이다.

또 『열자』 천서(天瑞) 제1편에도 학문에 지친 제자 자공에게
공자는 다음과 같이 말했다.

사람들은 삶의 즐거움은 알지만 삶의 고통스러움은 모른다.
늙어서 힘들다는 것은 알지만 늙어서 즐겁다는 것은 모르고
있다. 죽음은 두려워하면서 죽음이 편안한 휴식이 되리라는

것은 모른다.

　여기에서는 늙는 것과 죽는 것을 부정적으로 보지 않았다. 그 밖에 『회남자(淮南子)』 권7편, 정신훈(精神訓)에서는 '삶은 임시로 머무는 것이다. 죽음은 본래의 집으로 돌아가는 것이다' 라고 표현했다. 삶을 빌린 물건이라 한다면 빌린 것은 언젠가는 되돌려 주어야 한다. 만일 죽음이 휴식과 평안함이라면 살아 있는 동안은 쉬지 말고 계속 걸어야 한다.

자연의 도리

장자의 처가 죽었을 때의 이야기는 이미 보았다. 이와 비슷한
이야기가 『장자』 양생주(養生主) 제3편에도 있다.

거꾸로 매달려 있다 풀려남

노담(老冊)이 죽자 친구인 진실(秦失)이 조문하러 갔다. 세 번
소리 높여 울자 제자가 나와 말했다.

“선생님의 친구시죠?”

“그렇소.”

“그렇다면 이런 식으로 조문하셔도 되는 겁니까?”

“그렇소. 처음에는 친구를 위해서 하려고 했는데 지금은 다르

오. 방금 전에 내가 조문을 하자 어떤 노인은 자식을 잃은 것처럼 대성통곡을 했고, 어떤 젊은이는 어머니를 잃은 것처럼 대성통곡을 했소. 그들이 죽은 사람 앞에서 그동안의 자신을 반성하며 대성통곡할 이유가 없는데 마치 조문을 대성통곡하기 위해서 온 것 같았소. 이는 자연의 도리를 거역하고 하늘로부터 주어진 명을 잊는 행위오. 옛날에는 그것을 자연의 도리를 거부한 죄라고 했소. 이 세상에 태어난 것은 선생님의 운명이니 어쩌다 이 세상을 떠난 선생님은 자연의 도리를 따른 것이오. 시간의 운명을 편안하게 받아들여 자연의 도리를 따르면 슬픔도 기쁨도 사라지는 것이오. 옛날에는 이것을 하늘에 거꾸로 매달려 있다 해방되었다고 했소. 장작에 불을 지피면 모두 타 없어지지만 불 그 자체는 장작을 모두 태워 버려도 불까지 모두 타버리는 일은 없는 것이오."

노담(노자)이 죽었을 때 친구 진실이 조문석에서 세 번 울었다. 세 번 운 것은 죽은 자에 대한 형식적인 예의였다.

특별한 감정이 있던 것은 아니다. 친구에 대한 조문 방법으로 옳은 것이냐는 제자의 질문에 죽음을 슬퍼하지 않아도 되는 이유를 설명한다.

진실은 삶과 죽음은 모두 시간의 운명, 자연의 도리이기 때문에 그것을 편안하게 받아들여야 한다고 했다. 자연의 결과에 모든 것을 맡기고 삶과 죽음에 동요하지 않는 상태를 거꾸로 매달려 있다 풀려난 것이라고 부른다. 하늘에 거꾸로 매달려 있는 상태는 자연의 도리에 반하는 것이다. 삶과 죽음도 편안하게 받아들일 수 있을 때 비로소 거꾸로 매달려 있다 해방되는 것이다. 장작과 불의 비유는 개체가 죽어 사라진다 해도 생명 그 자체는 영원하다는 것을 말하고 있다.

도대체 자연의 도리를 따른다는 것은 무엇을 의미할까. 『장자』 대종사 제6편에 자사(子祀), 자여(子與), 자리(子梨), 자래(子來) 네 사람이 서로 질문하고 답하는 이야기가 있다. 이 이야기에서 자여는 병에 걸려 등이 굽고 그 밖에도 신체적인 장애가 많이 생겼다. 자사가 자여에게 물었다.

"자네는 신체적인 장애에 불만이 없는가?"

"그렇다네, 내가 왜 불만이 있겠는가?"

자여는 이렇게 말하고 다음과 같이 설명했다.

"병세가 점점 악화되어 왼팔이 닭이 되면 시간을 알리겠고 점점 더 악화되어 오른팔이 활이 되면 올빼미를 잡아 구워 먹겠네.

더 악화되어 엉덩이가 수레가 되고 마음이 말이 된다면 나는 마차에 탈 것이고 그러면 다른 마차를 타지 않아도 되지 않는가. 생명을 얻는다는 것은 세월의 한 장면이며 생명을 잃는다는 것은 세월의 흐름에 따르는 것이네. 안심하고 세월의 흐름에 모든 것을 맡긴다면 죽음을 슬프다거나 삶을 즐거운 것이라고 하는 생각은 없어질 것이야. 옛말에 삶의 고통에서 해방되었다는 말이 있네. 이처럼 자신을 해방시키지 못하는 것은 삶에 대한 집착 때문이라네. 자연의 도리에 따르는 삶이 아니면 언제나 제자리걸음이지. 그러니 어찌 불만이 있겠는가."

인간에게 고뇌나 괴로움이 생기는 것은 삶에 집착하기 때문이다. 삶에 집착하는 한 죽음의 괴로움에서 해방될 수 없다. 모든 집착을 버려야 한다. 팔이 닭이 되든, 활이 되든 신경 쓰지 않는다. 그때그때의 변화를 즐기며 살아갈 수 있다면 죽음을 두려워할 필요가 없는 것이다.

태어나기 전과 같다

죽음이란 개체가 소멸되는 것을 말한다. 죽음의 공포란 이 세상에서 사라지는 것에 대한 공포다. 이 세상에서 사라진다는 사실은 특별한 것일까. 『열자』 역명(力命) 제6편에 다음과 같은 우화가 나온다.

자식의 죽음

위 나라에 동문오(東文吳)라는 사람이 있었다. 그가 자식이 죽었는데도 슬퍼하지 않자 아내가 말했다.

"당신이 사랑하는 자식은 이 세상에 단 하나입니다. 그런데 지금 자식이 죽었는데 왜 슬퍼하지 않는단 말입니까?"

"옛날에는 자식이 없었다. 자식이 없었을 때는 슬퍼하지 않았다. 지금 자식이 죽었다는 것은 옛날에 자식이 없었을 때와 똑같은 상황이 되었는데 꼭 슬퍼해야 한단 말인가?"

동문오는 자식이 죽었는데도 슬퍼하지 않았다. 옛날에는 자식이 없었고 지금은 자식이 죽고 없다. 결국 옛날과 똑같은 상황이 되었기 때문에 슬퍼할 이유가 없다는 것이다. 쇼펜하우어의 『의지(意志)와 표현으로 본 세계』에서도 사후에 존재하지 않는 것은 탄생 이전과 다르지 않으며 아쉬워할 가치도 없다고 했다.

나의 존재가 사라지는 사후의 무한한 시간은 이전의 내가 없던 무한한 시간, 즉 친숙하고 쾌적한 상태에서 스스로 위로할 수 있다. 왜냐하면 내가 없는 무한의 미래는 내가 없던 무한의 과거와 동일하기 때문에 두려워할 필요가 없는 것이다.

우리가 태어나기 전에는 이 세상에 존재하지 않았다. 그것을 고통으로 느끼는 사람은 없다. 우리가 이 세상에 존재하지 않게 되어도 태어나기 전과 같기 때문에 아쉬워할 필요는 없다. 쇼펜하우어의 사고방식은 동문오와 매우 유사하다.

생과 사는 교차하지 않는다

기우(杞憂)라는 말이 있다. 쓸데없는 걱정이라는 뜻이다. 이 말은 『열자』 천서(天瑞) 제1편의 이야기에서 유래했다. 기(杞)는 춘추 시대 주 나라 국명이며 지금의 하남성(河南省) 기현(杞縣)이다.

천지는 붕괴할까

기 나라에 하늘이 무너지고 땅이 꺼지면 몸 둘 곳이 없음을 걱정한 나머지 밤에 잠도 못 자고 음식도 제대로 먹지 못한 사람이 있었다. 또 그를 걱정하는 친구가 있었는데 하루는 그에게 이렇게 말했다.

"하늘에는 공기가 모여 있다네. 그래서 어디를 가든지 공기가 없는 곳이 없지. 굴신하고 호흡하는 것도 늘 하늘 안에서 하고 있다네. 그런데 왜 하늘이 무너져 내린단 말인가?"

"하늘에 과연 공기가 모여 있다면 해와 달과 별이 떨어져 내릴 게 아닌가?"

"해와 달과 별도 역시 공기 속에서 빛나고 있을 뿐이야. 설령 떨어져 내린다 해도 다칠 염려는 없다네."

"그럼, 땅이 꺼지는 일은 없을까?"

"땅은 흙으로 쌓였을 뿐이야. 그래서 사방에 흙이 없는 곳이 없지. 우리가 뛰고 구르는 것도 늘 땅 위에서 하고 있다네. 그런데 왜 땅이 꺼진단 말인가? 그러니 이제 쓸데없는 걱정은 하지 말게나."

이 말을 듣고서야 그는 비로소 마음을 놓았다고 한다. 친구도 마음이 놓였다.

하늘이 무너지고 땅이 꺼지면 어쩌나 하고 걱정하는 사람에게 친구가 그런 일은 절대 없을 것이라고 설명하자 의문이 풀려 안심했다는 이야기이다. 이 이야기의 속편에는 장로자(長盧子)라는 사람이 나오는데 그는 하늘과 땅이 무너지고 꺼질 수도 있다고 설명한다. 그리고 마지막에 열자가 등장하여 다음과 같이 말한다.

"하늘이 무너지고 땅이 꺼진다는 말도 틀리고 그렇지 않다는 것도 틀린 말이다. 무너지느냐 무너지지 않느냐는 나도 잘 모른다. 그러나 무너진다는 것도 한 견해이며 무너지지 않는다는 것도 한 견해이다. 원래 이승 사람은 저승 세계를 모르듯 저승 사람도 이승 세계를 모른다. 만날 때는 헤어질 때를 모르듯 헤어질 때도 만날 때의 일을 모른다. 무너지느냐 무너지지 않느냐에 너무 연연해할 필요는 없다."

"이승 사람은 저승 세계를 모르듯 저승 사람도 이승 세계를 모른다."
이 말은 『에피크로스―교설과 편』에 있는 '메노이케우스에게 보낸 편지'의 한 부분을 떠오르게 한다.

죽음은 좋지 않은 모든 것 중에서 가장 두려운 존재이지만 사실은 아무것도 아니다. 우리가 존재하는 한 죽음은 존재하지 않고 죽음이 존재할 때는 이미 우리는 존재하지 않기 때문이다.

살아 있을 때는 죽지 않는다. 죽어 있을 때는 살고 있지 않는다. 즉, 생과 사는 교차하지 않는다. 따라서 죽음을 두려워하는 것은 의미가 없다. 위의 편지에서 '죽음은 감상의 결여'라고 했다. 죽음을 두려워하는 것은 살아 있기 때문이다. 죽으면 공포라는 감각 자체가 사라진다.

죽음에 대해서 여러 가지를 생각해 보았다. 햄릿의 불안은 어느 정도 해소되었을 것이다.

멸망의 의미

사람은 이 세상에서 한 번밖에 살 수 없다. 그러므로 생명을 소중히 해야 한다. 한편 죽고 싶어하는 사람도 존재한다는 사실은 부정할 수 없다. 『여씨춘추』 권19편, 이속남(離俗覽), 이속(離俗)에 있는 두 이야기를 소개한다.

속죄

제 나라와 진 나라가 전투를 벌였을 때 평아(平阿 : 제 나라 지명)의 병사가 쌍검을 잃고 단검을 얻었다. 이 병사는 퇴각 후에도 기분이 좋지 않아 지나가는 사람에게 물었다.

"쌍검을 잃고 단검을 얻었는데 이대로 돌아가도 되는가?"

"쌍검도 무기고 단검도 무기입니다. 무기를 잃고 다시 무기를 얻었는데 어째서 돌아가도 되는지 묻는 것입니까?"

대열에서 멀어졌는데도 마음은 별로 편치 못했다. 그때 고당(高唐 : 제 나라 지명)의 대신(大臣) 숙무손(淑無孫)과 만나 그의 말 앞을 가로질러 나가며 말했다.

"지금 전투에서 쌍검을 잃고 단검을 얻었습니다. 돌아가도 되겠습니까?"

"단검은 쌍검이 아니다. 그리고 쌍검도 단검이 아니다. 쌍검을 잃고 단검을 얻었구나. 책임을 다했다고 할 수 있는가?"

"그렇다면 다시 돌아가 싸우겠습니다. 서둘러 가면 늦지 않을 것입니다."

병사는 결국 전투에서 죽었다. 이 소식을 들은 숙무손은 말했다.

"군자는 사람을 재난에 빠지게 하면 반드시 자신도 그 재난을 만날 것이라고 했다."

그는 재빨리 말을 달리게 하여 병사를 뒤쫓아 전쟁터로 갔다. 숙무손 역시 죽고 말았다.

전쟁터에서 무기를 잃어버린 병사와 그 병사를 죽게 한 대신의 이야기이다. 평아의 병사는 자신의 무기를 잃고 퇴각한다. 그 대신 얻은 것은 적의 무기였다. 병사는 틀림없이 이 일을 부끄럽게 여겼을 것이다. 그래서 지나가는 사람에게 자신의 행동에 대해 '당신의 행동은 잘못되었소' 라는 말을 듣고 싶어했을 것이다. 그러면 자신의 행동을 이해할 수 있기 때문이다.

그러나 '당신은 잘했소' 라는 말이 되돌아왔다. 예상 밖의 대답이었다. 그 대답을 듣고 바로 수긍을 했다면 처음부터 고민하지는 않았을 것이다. 병사는 또 숙무손에게 물었다. 그런데 이번에는 자신이 원하던 대답이 돌아왔다. 그래서 그는 원하던 대로 죽을 수 있게 되었다. 자신의 과거 행동을 뉘우치고 죽었다는 사실은 예정된 일이다. 숙무손은 그러기 위한 증인에 불과하다.

한편 숙무손은 어떠했을까? 병사의 행동이 옳았다고 말할 수도 있었다. 그러나 그렇게 하지 않았다. 숙무손은 병사가 죽고 싶어한다는 것을 잘 알고 있었다. 그렇기 때문에 원하는 대답을 해준 것이다.

이때 숙무손도 자신도 죽을 운명이라는 것을 깨달았을 것이다. 병사는 과연 숙무손의 죽음을 예상했을까? 숙무손이 병사를 죽음으로 몰아넣은 것처럼 보이지만 어쩌면 그 반대일지도 모른다. 병사의 자기 만족을 위해 숙무손이 희생되었다고 생각할 수 있다.

그러나 숙무손의 죽음은 병사에 대한 사죄임과 동시에 스스로 선택한 결과이기도 했다. 또는 그도 죽고 싶어했을지도 모른다. 그렇다면 이 두 사람의 죽음은 연기라고 볼 수 있다. 이 이야기에서 멸망의 의지를 느낄 수 있다.

평아의 병사와 숙무손은 모두 자신의 행동과 말에 연연해하는 인물들이다. 그들과 같은 사람이 지도자의 자리에 있다면 반드시 큰 공적을 올릴 수 있을 것이다.

다음의 이야기를 살펴보자.

모욕당하는 꿈을 꾼 남자

제 나라 장공(莊公) 시대에 빈비취(賓卑聚)라는 남자가 있었다. 꿈에 비단 옷, 흰색 새 신발, 검은색 검을 찬 어떤 장사가 나타나 남자를 호되게 야단치며 그의 얼굴에 침을 뱉었다. 깜짝 놀라 잠에서 깨보니 꿈이었다. 몹시 기분이 언짢아 날이 새도록 앉아 있었다. 다음날 아침 친구를 불러 지난밤의 꿈을 이야기했다.

"나는 어려서부터 무용(武勇)을 좋아하여 열여섯 살이 될 때까지 모욕을 당한 일이 없었다네. 그런데 어젯밤에 심한 모욕을 당했어. 나는 그 사람을 꼭 찾을 거야. 정한 날짜까지 찾을 수 있다면 좋겠지만 만일 찾지 못한다면 죽을 생각이라네."

매일 아침 친구와 함께 큰 거리로 나섰다. 그러나 삼 일이 지나도 나타나지 않자 그는 집으로 돌아와 자살했다. 이것으로 책임을 다했다고 단정 지을 수 없다. 하지만 마음속으로 모욕을 당하지 말아야겠다는 태도는 존경할 만하지 않을까.

어떤 장사가 자신의 얼굴에 침을 뱉는 꿈을 꾼 남자가 그 상대를 찾아 복수하려 했으나 결국 찾지 못해 자살한다는 이야기이다. 이 이야기를 읽고 빈비취를 꿈과 현실을 혼동하여 죽은 어리석은 인간에 지나지 않는다고 비판하는 것은 아직 이르다. 사소한 일에 목숨을 거는 것은 바보 같은 행동이라고 생각하는 사람도 있을 것이다.

그러나 빈비취는 사람에게 모욕당하는 것을 죽는 것보다 괴롭다고 여겼다. 그것이 꿈속에서 일어난 일이라도 모욕당한 것을 참지 못하고 스스로 목숨을 끊는다. 빈비취의 결단을 아무도 비웃을 수 없다. 그는 죽음을 내새워 자존심을 지킨 것이다.

빈비취는 죽음을 조금도 두려워하지 않았다. 오히려 긍지를 잃은 것을 두려워했다. 이 세상에는 목숨보다 더 소중한 것이 있다. 그것을 지키기 위해 빈비취는 멸망의 길을 선택했다. 『여씨춘추』에 '세상에서 모자란 것은 도리와 정의다' 라는 말이 있다. 세상에서 어리석어 보이는 행위일수록 '도리와 정의' 를 증명한다.

마지막으로 『열자』 설부 제8편에 있는 이야기를 들어보자.

도적이 준 식사

동방에 원정목(爰旌目)이라는 사람이 있었는데, 먼 길을 가던 중에 배가 고파 길에서 쓰러졌다.

호부(狐父) 지방에 구(丘)라는 도적이 있었다. 구가 쓰러진 원정목을 보고 죽을 담은 호리병을 기울여 그에게 먹였다. 원정목은 세 모금을 삼키고 나서야 눈에 보이는 것이 있어 물었다.

"당신은 누구입니까?"

"나는 호부 사람으로 이름은 구라고 하오."

"아니! 당신은 도적이 아니오? 왜 내게 먹을 것을 주었소? 나는 당신의 음식을 먹지 않겠소."

말을 마치더니 두 손으로 땅을 짚고 삼킨 죽을 토하려 했는데 토해지지 않자 계속 캑캑거리다가 땅에 쓰러져 죽었다.

호부 사람은 틀림없는 도적이다. 그러나 음식은 도적이 아니다. 호부 사람이 도적이라는 이유로 음식도 도적으로 보고 더 이상 먹으려 하지 않았다. 이것은 명목과 실질을 구별하지 못했기 때문이다.

배가 고플 때 음식을 준 상대가 도적이라는 사실을 알고 굶어 죽는 길을 선택한 남자의 이야기이다. 원정목은 도적이 준 것도 틀림없는 음식이라고 생각하지 않았다. 『열자』에서는 이러한 원정목을 비판한다.

그러나 만일 원정목이 도적이 준 음식을 먹고 살아났다고 해도 정말로 살았다고 할 수 있을까. 그는 분명 평생 도적에 대한 열등감을 안고 살아가야 했을 것이다. 자기의 뜻을 잃으면서까지 살아남는다는 것은 이미 살아 있다고 할 수 없다. 세상에는 목숨을 내놓고서라도 지켜야 할 것이 있다는 교훈이다.

원정목은 자신의 신념을 일관하여 살아왔다. 굶어 죽었지만 긍지는 잃지 않았다. 인생에는 잃어서는 안 되는 것이 있다는 사실을 잊어서는 안 된다. 정말로 잃어서는 안 되는 것은 사람들 각각의 마음속에만 존재한다.

중국의 우화 작품에는 현대인의 생활 지침이 되는 교훈이 많다. 이 책은 그러한 교훈을 발굴하여 자유자재로 생각해 보았다.

우리는 중국의 우화에서 다면적인 사물의 사고방식을 배울 수 있다. 시점을 바꾸면 사물의 가치도 바뀐다. 불리한 조건이라도 활용 방법에 따라 유리하게 작용한다. 역경에 부딪쳤을 때야말로 큰 힘이 되는 지혜가 있다. 이러한 역전의 미학은 중국 우화의 특징이다. 그렇기 때문에 이 책에 상황이 뒤바뀌는 이야기를 많이 담았다. 그렇다면 어떠한 경위로 이 책을 쓰게 되었는지, 이 책을 구상하게 된 계기를 소개한다.

필자는 중국의 당대 문학을 전문으로 연구하고 있으며 유종원(柳宗元) 문학자에 대한 연구서를 이미 저술했다. 유종원에게는 매력적인 우언 작품이 많으며 유종원 연구의 일환으로 대학에서 중국 고대 우언을 읽는 수업을 계속 이어왔다. 우언에서 얻은 교훈을 배운다는 목적도 있었지만 그 이상으로 상식적으로 이해할 수 없는 참신한 견해를 발굴하고 싶은 소망도 있었다.

우언을 열심히 연구한 가장 큰 이유는 한 가지 이야기를 여러 방면으로 해석할 수 있기 때문이다. 같은 이야기에서 서로 다른 해석이 나오는 경우도 있다. 그렇기 때문에 어떤 것이 정답인가 하는 생각은 할 필요가 없다. 각자 좋은 방법으로 해석하면 된다. 상상력을 넓혀 우언의 뒷이야기까지 생각해 보는 것도 즐겁다.

학생들에게 과제로 내준 보고서 중에도 독특하고 신선함을 가져다 주는 것도 있었다. 우언 작품을 읽을 때는 몇몇의 주제를 정해서 그 주제에 맞는 수업을 전개하도록 신경을 썼다. 각양각색의 우언을 수집하면서 책으로 엮어보고 싶다는 생각이 들었다. 이론에서는 중국 우화에 관한 책이 거의 없다. 고토 모토이미(後藤基巳) 편 『중국 고대 우화집』에 『장자』, 『열자』, 『전국책』, 『한비자』, 『궁씨춘추』 등의 우언이 수록되어 있는데 주제별로 되어 있지 않다.

중국에서는 우언을 수록한 책이 많이 출판되었다. 조문(兆文)

외 선택『중국 역사 우언선』, 진포청(陳蒲淸) 외 선편(選編)『중국 고대 우언선』, 왕현무(王玄武) 외 선주(選注)『중국 역사 우언선(中國歷史寓言選)』, 유국정(劉國正) 외『우림절지(遇林折枝)—중국 역대 우언 선주(中國歷代寓言選注)』등이 있다. 그 밖에 문걸(文傑), 나임주(羅琳主) 편『寓言鑑賞辭典』도 출판되어 이 책을 쓰는 데 참고했다. 단, 모든 책은 작가별로 정리한 것뿐이며 주제별로 된 책은 하나도 없다. 우언을 몇 가지 주제로 분류하여 현대에도 통용되는 문제를 논하고 싶은 의도에서 이 책을 썼다.

이 책은 중국 고대 사상을 해설해 놓은 것이 아니다. 우언은 문학 작품이다. 따라서 우언에 깃들어 있는 교훈의 내용보다 주제에 주목했다. 등장 인물이 주고받는 대화를 마치 연극을 하듯이 예를 들었다. 고정관념으로 취급하지 않고 독창적인 사고방식을 중요시하고 싶었기 때문이다.

—마츠모토 하지메(松本肇)